#恵比寿の削り師が教える

ハイパーナイフ×トレーニング

最速ボディメイク術

川島めぐみ 著

セルバ出版

はじめに

あなたは、身体を最速で劇的に変化させることのできる「ハイパーナイフ」をご存知ですか？

ハイパーナイフとは、高周波を使って短時間で体を温める痩身エステ器具です。

運動では落ちないと言われている脂肪を赤外線と高周波で「温め」、ヘッド部分で「ほぐし」ます。太ももやモモの裏、二の腕、ヒップ、お腹など、ご希望の箇所にハイパーナイフをあてれば、部分痩せにも効果があります。

ハイパーナイフというと、ナイフという言葉から、痛そうなイメージを持ちますが、痛みがなく、温かいので、リラックスでき、血行がよくなるので、肩こりの解消も期待できます。

リンパの流れをよくし、硬いセルライトを流せば、身体は軽くなります。

ボディ用の赤色ＬＥＤは、細胞の活性化や老化防止に効果があり、コラーゲンの生成も促すので、肌のハリが出ます。

フェイス用の青色ＬＥＤは、アクネ菌を殺菌するので、ニキビ予防にもなり、小顔効果が狙え、血行がよくなるので、くまやくすみの改善、ほうれい線を薄くもしてくれます…。

これが、世間一般のエステサロンで行われているハイパーナイフの説明です。ハイパーナイフの施術をしているエステならどこでも周知のことですので、論じる必要はありません。

しかし、「ハイパーナイフが脂肪を燃やす」というわけではありません。

現在、私は、マスターズ世界チャンピオンの田村宜丈さんがオーナーを務めるパーソナルジム、「恵比寿Ｖｓｈａｐｅ」においてハイパーナイフの施術をしております。

私が施術するハイパーナイフは、もはやエステではなく、ハイパーという名のパーソナルトレーニングだと自負しています。

① 痩せたい人には最速で痩身させる。

② 大会に出ている選手の方には「秒」で筋肉のカット出しやウエストのくびれをつくる。

※「筋肉のカット出し」とは、筋肉を目立たせる線（カット）をより深く綺麗に見えるように出すこと。

結果を体感してほしいから、大会で勝ってほしいからと、気合を込めて脂肪をそぎ落として差し上げるのです。

施術中に、「エステ感覚でゆっくりしてもらおう」というような一般のエステサロンとは大きく違います。施術を受ける皆さんにも参加してもらって、ハイパーナイフの施術を行い、その後の運動法や生活習慣や、体型維持、コンテスト出場の指導までいたします。

目標とする身体になってほしいから、優勝してきてほしいから、気合で皆さんの身体を削り倒します！

私の経験をもとに、皆さんにお伝えしたいのは、ハイパーナイフでの最速の痩身方法です。つまり、「秒」で大きく魅せ方を変えるコツです。

痩身目的の人も、ボディーメイクの大会に出場する選手の人も、身体づくりには基本時間がかかりますが、ちょっとした工夫や施術、意識をするだけで、「秒」で変わることができ、大きく魅せ方を変えることができるのです。

心も身体も、魅せ方を知ったら、異性・同性を惹きつけ、「モテる」人生が待っています！

川島　めぐみ

２０２０年12月

#恵比寿の削り師が教えるハイパーナイフ×トレーニング　最速ボディメイク術　目次

はじめに

第1章　ハイパーナイフで脂肪を削れば秒でモテる

1　脂肪を運動だけで落とすのは非効率・12
2　効率よく脂肪を落とす起爆剤「ハイパーナイフ」・13
3　恵比寿の削り師・16
4　ハイパーナイフ&トレーニングが最強・18

5　トレーニング後は有酸素運動・20
6　めぐ3《さん》セット・23
7　効率よく「秒」痩せでテンションアップ・27
8　ハイパーナイフ施術後の過ごし方で差をつけよう・30
9　ゴールデンタイムの過ごし方・32
10　リンパドレナージュの手法・36
11　プロのセラピスト、アマのセラピスト・38
12　プロの施術を見極める・39
13　1ミリでも多く削り倒せ・41
14　秒で痩身、モテＢＯＤＹへ・43
15　痩せるには食事8割、運動2割・44
16　大会前日の施術で筋肉がくっきり出る・45
17　筋肉のカット出し・46
18　魅せるＢＯＤＹへ・47
コラム　恵比寿Ｖｓｈａｐｅオーナー・田村 宣丈氏より・49

第2章　部位別にモテBODY

1　部位ごとの施術の違い・52
2　モテウエスト・53
3　6パック・59
4　S字モテラインとTshape・64
5　肩回り・胸・68
6　背中・73
7　大腿二頭筋（モモ裏）からお尻・77
8　大腿四頭筋・80
9　オリジナルポージングハイパー・84

第3章　効果的なハイパーナイフの受け方

1　痩身目的の方・90
2　イベント等の目的の日が決まっている方・91

3　ボディメイクの大会に出ている選手の方・93
4　筋肥大が目的の方・94
5　ハイパーナイフ施術を受けるときの注意点・95

第4章　お客様の声

★益子克彦（MASSY）様・98
★葉英禄様・99
★篠崎勇樹様・99
★白数玲穂様・100
★鈴木裕子様・101
★川端松美様・102
★尾髙友里恵様・103
★川西恵子様・104
★田中直樹様・105
★中橋明花様・105

★大平友子様・106
★本澤優里花様・107
★親川優介様・108

あとがき

第1章

ハイパーナイフで脂肪を削れば秒でモテる

1　脂肪を運動だけで落とすのは非効率

ハイパーナイフで脂肪を削る

ポッコリと出てしまった下っ腹、モモの後ろや二の腕のたるみ…。ついてしまった脂肪が年齢を重ねるうちに落としにくくなったとか、忙しくてトレーニングする時間がないとか、いろいろと理由をつけては諦めていることありませんか?

何歳になっても筋肉はつきますが、ちょっとの工夫で時間をかけずに身体を変えることができるのです。

トレーニングして、筋肉を増やして、代謝を上げれば、それだけで太りにくい身体に変わることができます。年齢は単なる数字であって、何歳からでも身体は変えられるのです。

多くの人が、ただ、言い訳ばかりして行動しないのです。

「痩せたければ、今すぐ行動!」これこそが最も重要

【図表1　ハイパーナイフで脂肪を削る】

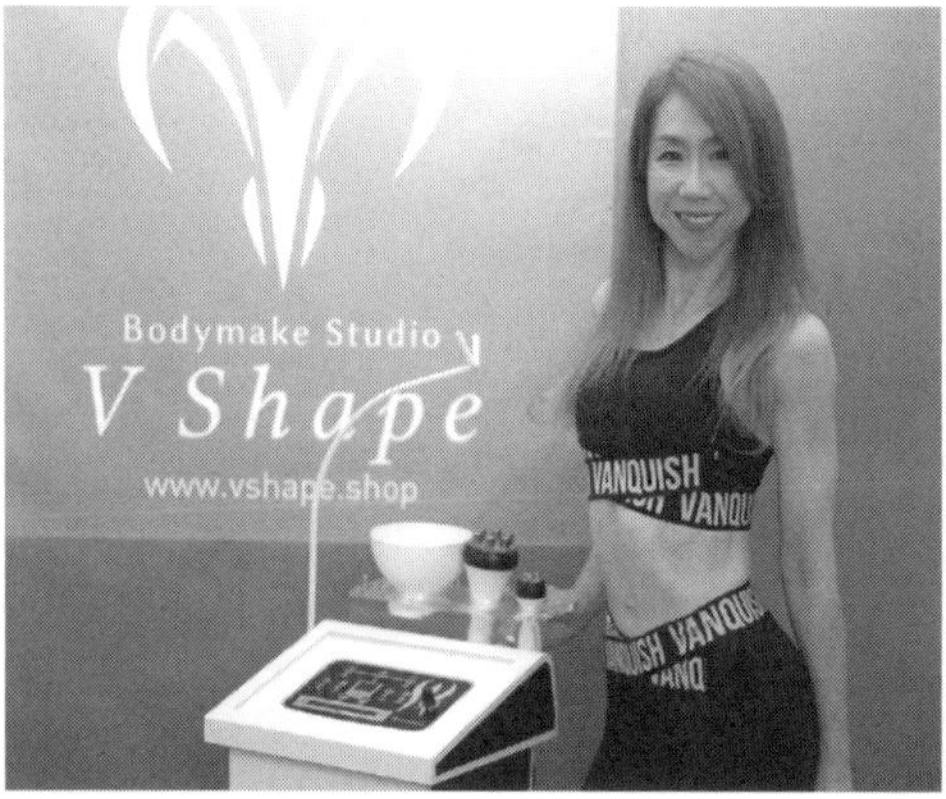

【図表２　ハイパーナイフ】

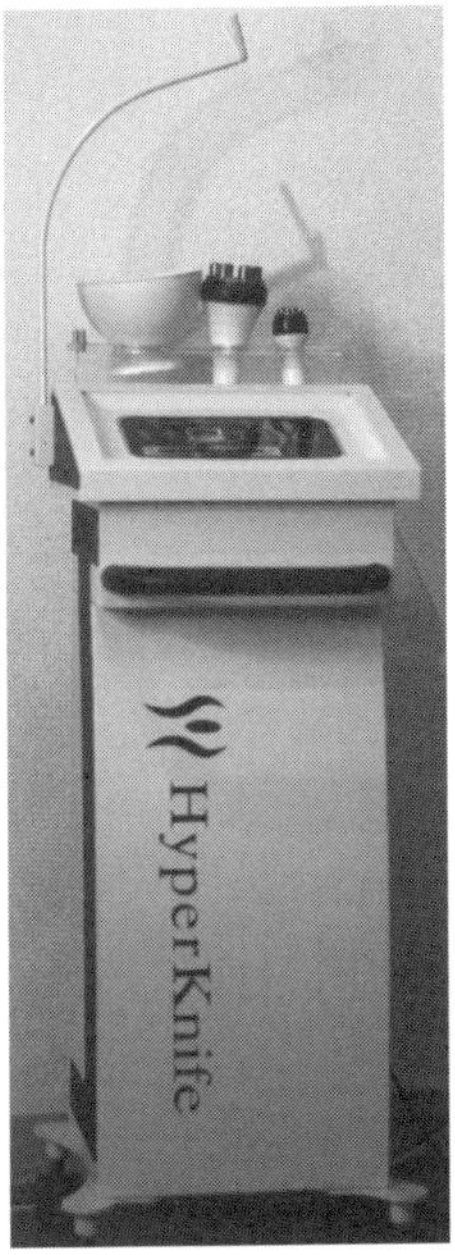

なことなのです。

身体についた脂肪を見て自信をなくしたりするなんてもったいないことです。

「時間をかけずに」きっちり落としてしまいましょう。

残念ながら、脂肪は、最後の最後までなかなか落ちません。しかし、脂肪がなくなればかっこいい身体、魅力的な身体へ変わることができます。

トレーニングだけ、食事制限だけで脂肪を落とそうとは思わないでください。私が本書であなたにおすすめしたいのは、効率よく脂肪を落とすきっかけとなる素晴らしいパートナー・「ハイパーナイフ」です（図表２参照）。

２　効率よく脂肪を落とす起爆剤「ハイパーナイフ」

恵比寿 Vshape サロン

私がハイパーナイフのセラピストとして勤務しているのは、ボディメイク競技の世界チャンピオンが経営するパーソナルジム＆サロンです。

オーナーが有名選手であるおかげで、大会に出場するトップ選手の方々が、たくさんお客様として来てくださるという恵まれた環境をいただいています。

私は、「使える状況、環境、能力はすべて使う」ということを徹底しています。もちろん、お客様のためを考えつつも、私自身の腕磨きも怠りません。

ボディメイクに関して意識の高いお客様に囲まれて、お金もいただけて、自分の施術者としてのスキルが上がるというのは、本当に最高の環境だと思います。

とくに、ボディメイク競技が毎週のように開催される春から秋にかけては、分刻みで施術をする忙しい日々が続きます。

しかし、どんなに忙しい状況にあっても、どんどん進化できるというのは非常に大きな喜びです。

そして、その結果、私にしか見えない景色が見えてきました。

セラピストとして施術をし始めた頃は、私が担当したお客様にすべてに全力で対応したくて、私独自でお客様リストを作成していました。

2回目にきていただいたときに思い出せるよう、施術後一緒に写真をとり、どこの団体の開催される、どのような部門の大会に出場するのか、ハイパーナイフの施術後にどう過ごしたかをメモに残していきました。

1人ひとり、皆さんの要望に沿いたくて、施術中にどんな話をしたか、どんな身体になりたいか、どこに筋肉の形がくっきり見えるライン（カット）が欲しいかをお伺いし、満足いただける施術ができるよう努力の毎日でした。

脂肪を削り倒す

私に協力いただける方には、翌日の朝、どう変化があったかをメールやSNSやLINEなどで教えていただきました。たくさんのお客様からのメールや写真が、どんどん私のスキルを上げていってくれたのです。

夏、大会が非常に多い繁忙期には、オーナーが日本代表選手として海外の大会へ出場しなければならないことが多くありました。残された私は、否応なしにどんどん増えるお客様を施術しなくてはならなくなりました。

大変忙しい状況ではありましたが、おかげでたくさんの選手の方々の身体を施術させていただきました。

いつしか、「筋肉のカットを最高にキレイに出したければ、私の施術を受けに来て！　くびれたければ来て！」と、堂々と言えるようになりました。

ハイパーナイフが脂肪を落とす起爆剤になることを確信することができたのです。

そして、最高の環境が私のハイパーナイフ施術に自信をつけてくれたのです。とくに男子のボディビルの選手の方や女子フィジークの選手の方は、筋肉のカット出しにシビアなのでかなり勉強させてもらいました。

痩身目的の方、大会前にいらした選手の方では、施術方法が変わりますし、お客様の身体や肌質もそれぞれ違いますので、同じ施術はあり得ません。

一番効果のある方法で対応したいので、毎回それぞれのお客様に合わせてどうカットを出してあげようかの戦いでもあります。

しかし、そのような戦いの時間は、私にとって楽しくわくわくわくする時間でもあるのです。

3　恵比寿の削り師

ハイパーナイフで魅せる身体へ

ハイパーナイフの施術中、お客様が秒単位でどんどん変わっていく様子を見ていくのは、本当に興奮します。

1人のお客様に施術を重ねれば重ねるほど、身体だけではなく、心まで前向きになっていかれる姿にびっくりの日々です。

仕事中にメモをとり始めたことで、出場カテゴリーごと、皆さんがどんな仕上がりを希望しているかがわかり、施術のレベルアップを図る私にとってはとても大きいです。

ハイパーナイフの圧の掛け方や筋肉のカットの出し方もわかり、施術者としての腕も上がりました。

そして、ハイパーナイフ後に何をすれば効果がさらに出やすいかまではっきりしました。ハイパーナイフ施術が大好きで、たまたまメモしていたことが、今の私の土台となり大きな自信をつけてくれたのです。

ここまでくると、もうハイパーナイフの施術が楽しくてたまりません。

そんな気持ちが伝わってくれたのでしょうか、気がついたら指名予約もバンバン入るようになっていました。

ボディメイク業界では、〝恵比寿の削り師〟とまで呼ばれるようになっていました。

【図表３　恵比寿の削り師こと筆者】

その結果、次のような私独自のハイパーナイフ文化が出来上がってきました。

・効果的なハイパーナイフ施術方法
・ハイパーナイフ後の過ごし方
・最速の痩身方法
・カテゴリー別筋肉のカットの出し方
・楽しいハイパーナイフ語録

お客様に喜んでもらい、変わられた身体を見るのが楽しくてなりません。

そして、確信したのは、「ハイパーナイフ

が瘦身、カット出しの起爆剤となり『最速』で魅せる身体にしてくれる」ということでした。

4 ハイパーナイフ&トレーニングが最強

酵素リパーゼを活性化

ところで、なぜ、人は太るのか知っていますか？

食べ過ぎや運動不足によって脂肪細胞に余分なエネルギーが蓄積され肥大化されるから太ってしまうのです。

また、脂肪細胞は、老廃物から細胞を守るために繊維化を起こしてしまいます。これがいわゆるセルライトと言われるもの。

できてしまったセルライトは、周りの毛細血管やリンパ管を押しつぶしてしまうので、血液やリンパの流れが悪くなっている状態です。

この厄介なセルライトは、残念ながらトレーニングだけでは落とすことができません。

では、どうやって肥大化された脂肪細胞を小さくすることができるのか？

どうやったら脂肪を効率よく燃焼させることができるのか？

答えは、脂肪代謝や分解に関係する酵素「リパーゼ」にあります。

この「リパーゼ」が活性化されると、脂肪は「脂肪酸」と「グリセロール」に分解され、血中に流れます。

ハイパーナイフは、赤外線と高周波によってリパーゼが活性化する温度である「42度」まで施術部位を温め、さらに脂肪をほぐしていくことができるのです。

つまり、ハイパーナイフの赤外線が、体外から身体を温め、さらにラジオ波がジュール熱を体内に発生させることにより、身体の中からも体温が上昇するのです。

【図表４　ハイパーナイフは施術部位を温め脂肪をほぐす】

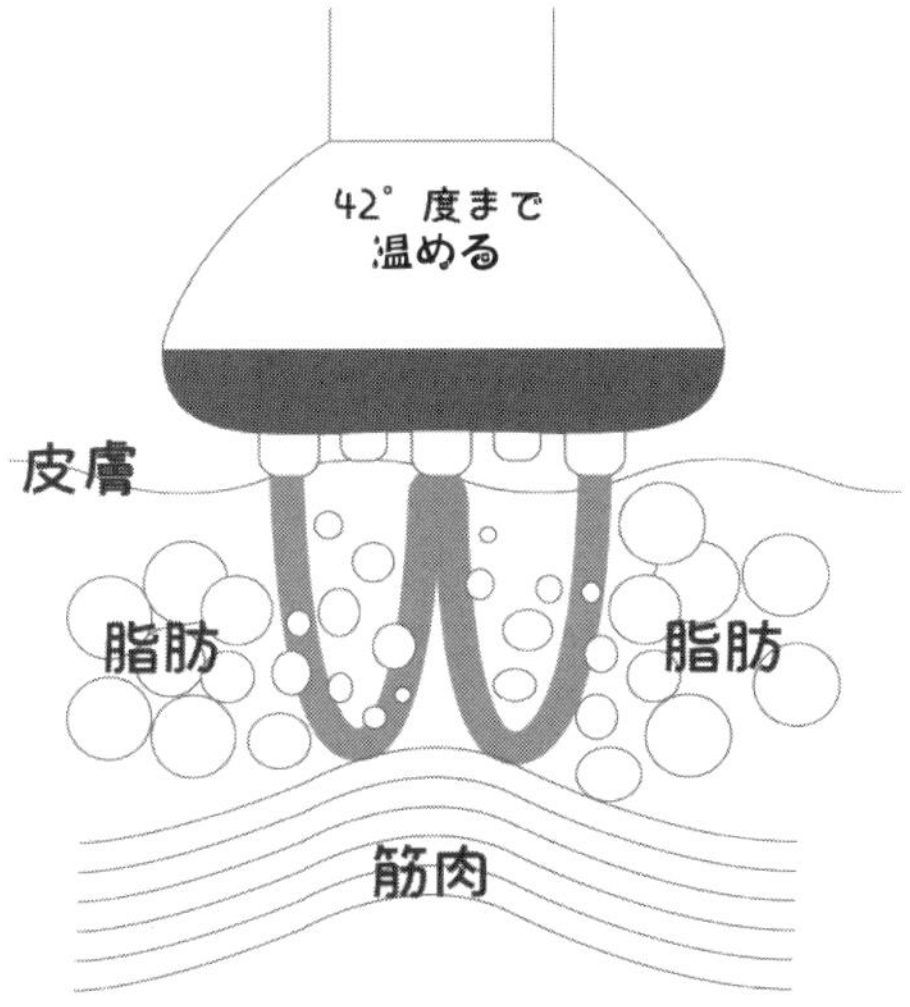

すなわち、脂肪を減らしたい部分の体温を上げてあげれば、リパーゼが活性化して脂肪が「脂肪酸」に分解されるのです。

ハイパーナイフは体温上昇を手伝う

ハイパーナイフは、言い方を変えれば「体温を上昇させる」お仕事をします。

ハイパーナイフを施術することで「リパーゼ」が活性化され、脂肪が分解され、「脂肪酸」は血中に流れ始めます。

そして、全身の筋肉に廻り、体内での代謝に使われるというわけです。

それを手っ取り早く燃焼するのが、筋力トレーニングになります。つまり、ハイパーナイフとトレーニングの組合せが最高なのです。

しかもハイパーナイフは、全体ではなく、部分的にリパーゼの働きを活性化できます。つまり、お腹や二の腕だけなど、狙った部位の脂肪の分解を促せるのです。

分解された「脂肪酸」は、筋肉でエネルギー源として燃焼されるので、結果、体重が落ち、「脂肪が燃焼した」ことになります。

脂肪が分解され、筋肉の消費で体外に排出されて痩せることになるのです。

ですから、ハイパーナイフを施術した後は、ぜひ、ジムに行ってトレーニングをしていただきたいと私は思っています。

ハイパーナイフが火種となり、あとはトレーニングで燃やせばよいのです。

5　トレーニング後は有酸素運動

タイミングよく分解、燃焼、排出させる

ここで脂肪が燃焼して痩せるまでの流れを図表5でご説明しましょう。

「脂肪』は、「炭素」、「酸素」、「水素」からできています。

① 体温が42度になることで酵素「リパーゼ」が活性化され、「脂肪」は「脂肪酸」と「グリセロール」に【分解】
② 「脂肪酸」は、血中へ流れ、筋肉で代謝されます【燃焼】
③ 老廃物である「水」は汗、尿から、「二酸化炭素」は呼吸から【排出】

【図表５　脂肪が燃焼して痩せるまでの流れ】

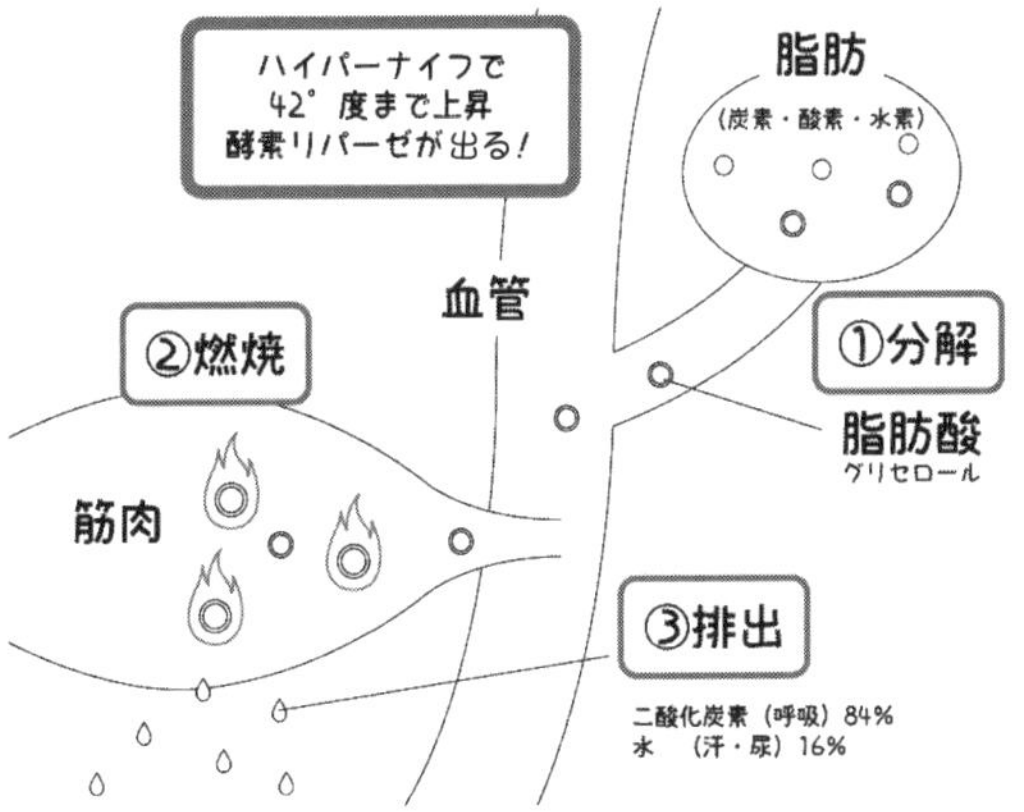

「脂肪酸」が燃焼されて排出されるとき、16％は汗や尿となって排出されます。

しかし、多くの人は知らないのですが、大部分の84％が二酸化炭素として、呼吸により吐く息となって体外へ排出されるのです。

ぶよぶよの脂肪が、息になるというのは面白いことですよね。

つまり、ハイパーナイフとの組合せで考えれば、

① ハイパーナイフで「リパーゼ」を活性化させ、「脂肪」を「脂肪酸」へ【分解】
② 「脂肪酸」を筋肉でエネルギー源として燃焼するためのトレーニング【燃焼】
③ 有酸素運動でたくさんの息を吐いて老廃物を体外へ

【排出】

という流れになります。

この流れを知っていただければ完璧なのです。

また、トレーニングをすると、「成長ホルモン」が分泌され、脂肪の分解が起こり、脂肪の燃焼がしやすい状態になります。

まさに、ハイパーナイフのあとのトレーニング、有酸素運動はベストタイミングなのです。

「ハイパーナイフ＋トレーニング＋有酸素運動」のタイミング

ハイパーナイフで脂肪を温め【分解】、【燃焼】、【排出】させるという、この組合せが、最強で最速、「秒」で痩せる方法なのです。

わかったらすぐに行動です。

脂肪を落としたい人、減量加速したい人、まずはトレーニング時間を確保して、その前の時間にハイパーナイフ施術を予約してみていただければと思います。

できれば、私があなたの施術をしたいのですが、近くにハイパーナイフの施術を受けられるサロンがない方もいらっしゃると思います。

そこで、これからハイパーナイフを施術したときとかなり近い効果がある方法を伝授することにしますね。

【図表６　最強のセット】

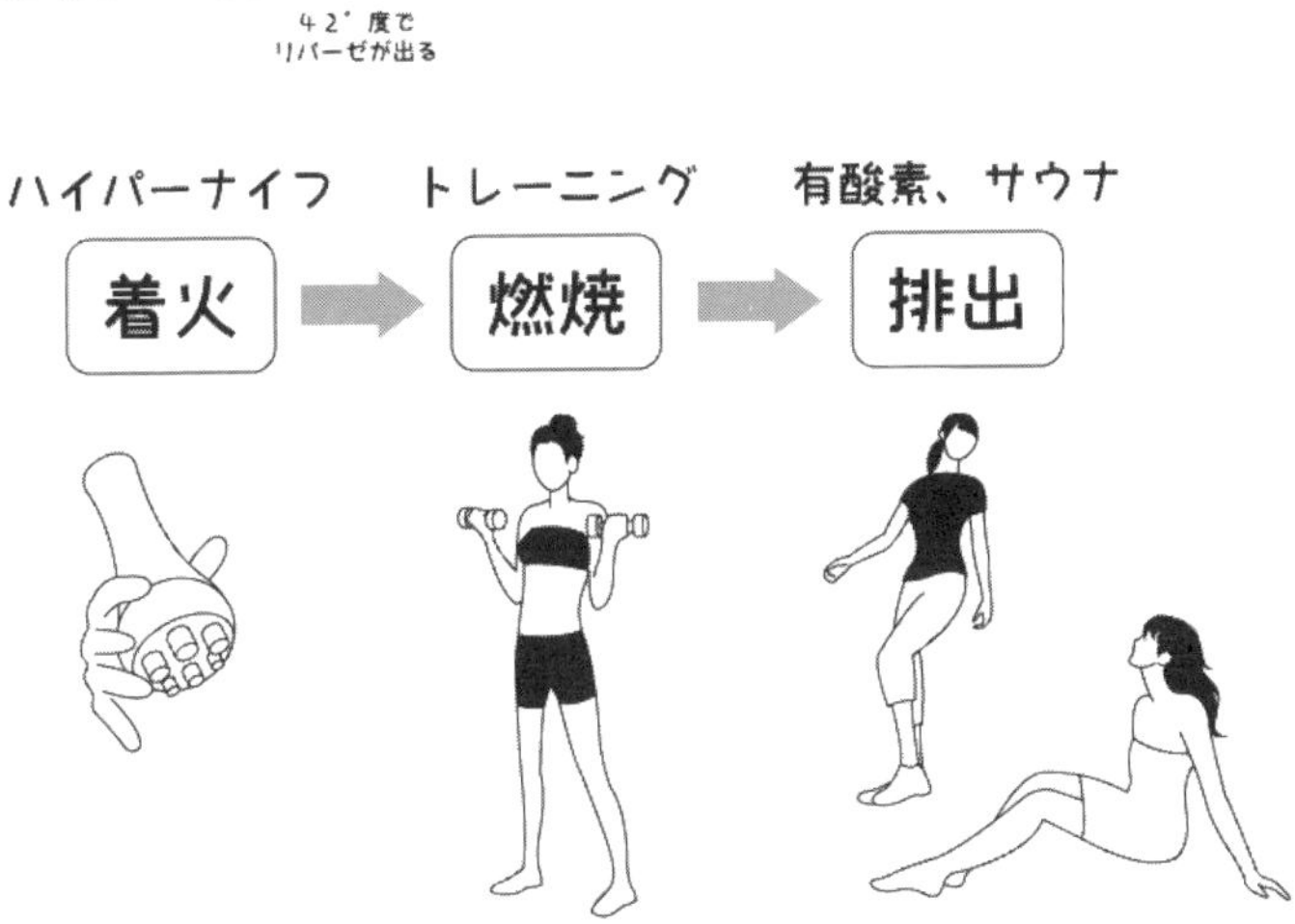

くどいようですが、ハイパーナイフを施術しただけでは脂肪は燃えません。最速で痩身を体験したければ、ハイパーナイフ施術後の過ごし方がすべてなのです。

ハイパーナイフとトレーニングを組み合わせて、効率よく、最速で脂肪を燃やしましょう！

6　めぐ3《さん》セット

ハイパーナイフ後のトレーニング＋有酸素運動＋サウナ

ボディメイクで確実に結果を出すためには、ハイパーナイフで施術だけではなく、その後のトレーニングが重要なことはおわかりいただけたと思います。

ですが、実はそれだけではなく、さらにもう2つ加えることで、ハイパーナイフの効果が出るものがあります。

まずは、トレーニングの後の「有酸素運動」でした。あと1つあります。

私は、たくさんのお客様に質問して確信しました。

痩身目的、減量加速、ウエストのくびれづくり等、最速でアプローチする最後の1つ、それは「サウナ」なのです。

「ハイパーナイフ後のトレーニング×有酸素運動×サウナ」

これが、ハイパーナイフ後の3点セット──「めぐ3《さん》セット」と私は名づけています。

これがすべて揃うと、本当に効果をすぐに実感することができます。

タイミングを合わせて効率よく痩せる

有酸素運動のあとにサウナまたは半身浴を加えた「めぐ3セット」で、さらに老廃物（水分）を排出するようにしましょう。

残っていた老廃物、リンパの流れを悪くしていた老廃物、すべて排出するという意識ですね。脂肪が燃焼された出た老廃物、二酸化炭素以外の水分16％を出し切って完成です。

嬉しいことに、ハイパーナイフ施術後のサウナでは、何もしないでサウナに入るときより断然汗が多く出るのです。

すべてはタイミングなのです。

お金をかけてハイパーナイフを受けたからには、それだけの結果を出してもらわないと、私も施術者として困ります。

脂肪が燃えやすい「脂肪酸」となっている間に、すべて使って出し切ってください！

減量している選手の方は、減量が加速し、痩せたい方は、効率よく脂肪を排出することができるのです。

【図表７　ハイパーナイフ施術 30 分後】

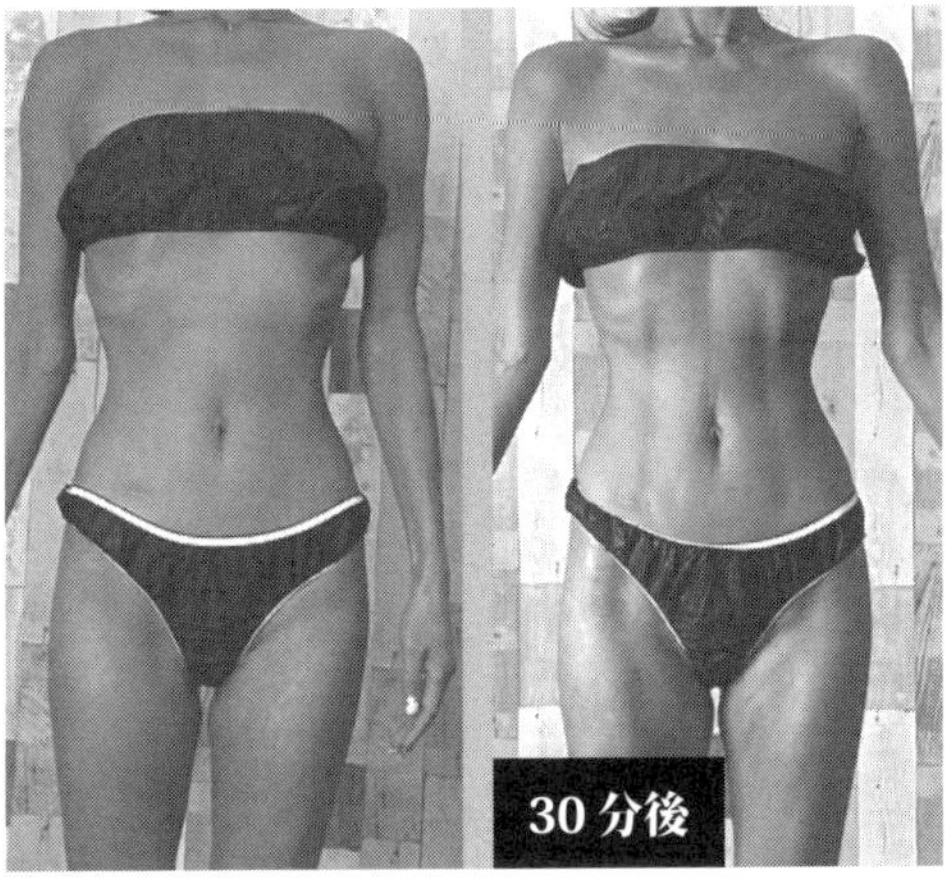

【図表８　ハイパーナイフ施術１回目、２回目】

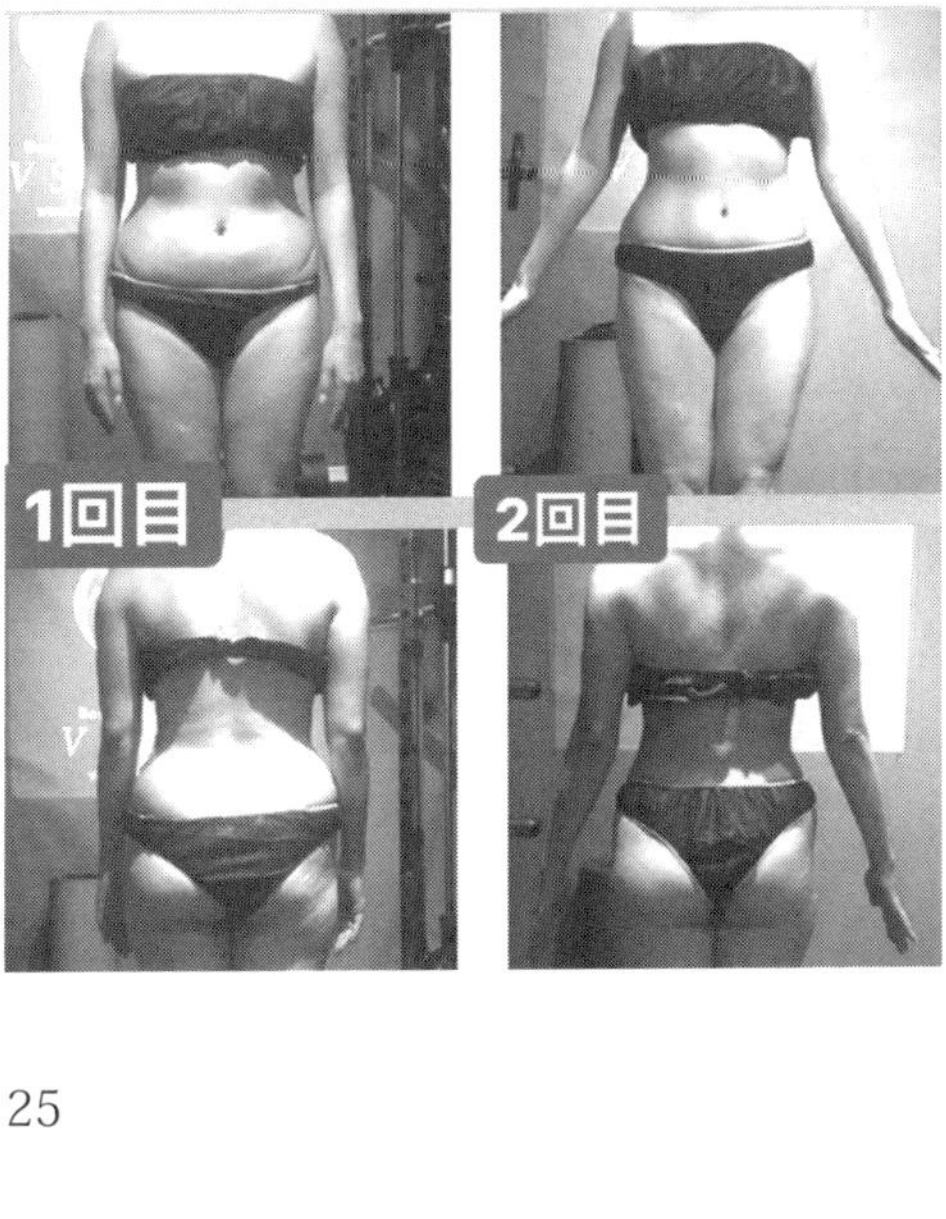

「痩せたい。筋肉のカットをよりくっきりさせたい。ウエストのくびれが欲しい」――このように強く思っている人は、ただトレーニングだけするよりも、この「めぐ3セット」を実行することをおすすめします。

ハイパーナイフが引き金となり、「秒」で目標に達せられことが実感できるでしょう。

ハイパーナイフの施術後、どれだけ脂肪燃焼、排出できるかがカギとなり、それが結果に繋がるのです。

ハイパーナイフ後にタイミングを合わせてトレーニングと有酸素運動、サウナを組み合わせることが、最速で痩身への道へとなります。

施術部位は部分痩せが可能

ハイパーナイフ施術部位とその後のトレーニング部位を合わせるとさらに効果を出すことができます。

施術された部位については、リパーゼが活性化されているので、いわゆる「部分痩せ」が可能となります。

あらかじめどこをトレーニングするか決めてから施術をしてもらいましょう。

また、足への施術は、身体全体の代謝が上がりやすくなります。足以外のトレーニングの日でも施術することをおすすめします。

7　効率よく「秒」痩せでテンションアップ

ハイパーナイフマジック

余計な脂肪だけ排出できるわけですから、あなたの減量はどんどん加速していきます。また、気

【図表９　ハイパーナイフ施術 60 分後】

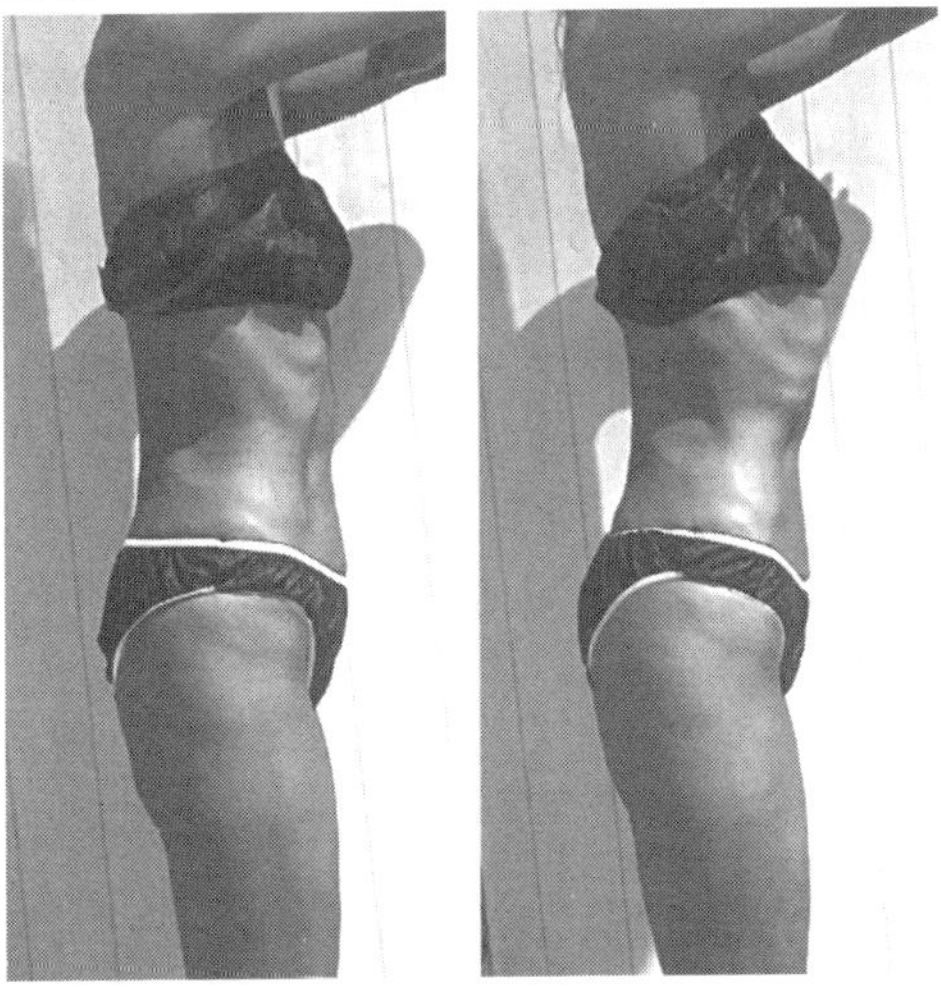

【図表 10　ハイパーナイフ施術 90 分後】

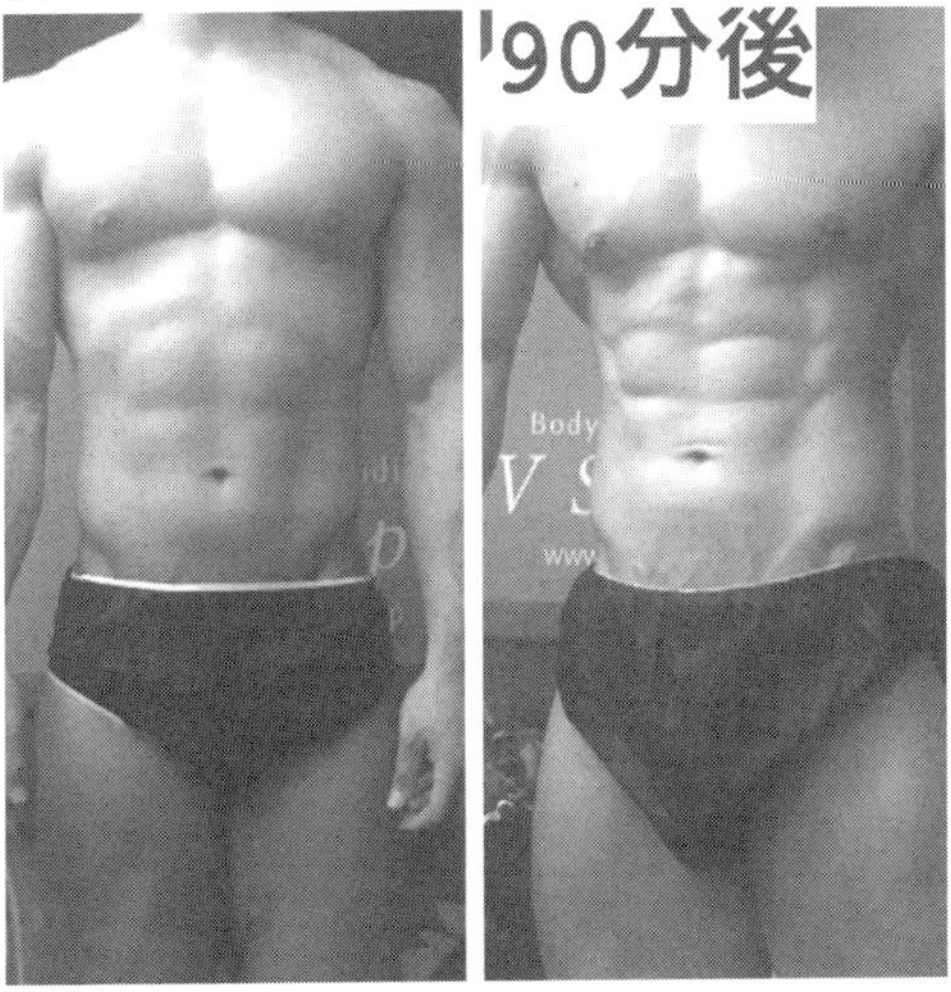

持ちもさらにポジティブなるので、大会前に限らず、減量中のハイパーナイフの施術はかなり有効だと思います。

なかなか減量が進まないときや停滞期に陥ったときには、ハイパーナイフで気持ちも、体も切り替えしましょう。

とくにボディメイクの競技に出ている選手の方は、オフ期（増量期間）にハイパーナイフで定期的にメンテナンスをしていれば、オン（コンテスト期間）に入ってからの仕上がりに確実に差が出ます。

オフ期の体型のメンテナンスや痩身目的の人にも、ハイパーナイフは絶対お得だと思います。

また、大会当日にバキバキの筋肉のカット出しをハイパーナイフでする場合、おすすめは前日、または前々日の施術がよいです。それにより、大会当日の朝に、筋肉の線はくっきり出てきます。

本当か嘘か、まずは体感してみてください。

最速で成果が出せる

私が施術したお客様で、見た目がすごく変わったとか、施術の翌朝、大幅に体重・体脂肪率が下がったという方がたくさんいらっしゃいます。

もちろん、個人差もありますが、ハイパーナイフは、最速で、成果を出すことができるということです。

他のラジオ派やＥＭＳなどの痩身目的の機械と違い、ハイパーナイフは皮下脂肪４センチの深さまで高周波が届き、硬い脂肪が温められ、柔らかくほぐされ、脂肪酸となって排出されやすい状態にします。

【図表11　太り気味の方への施術前後】

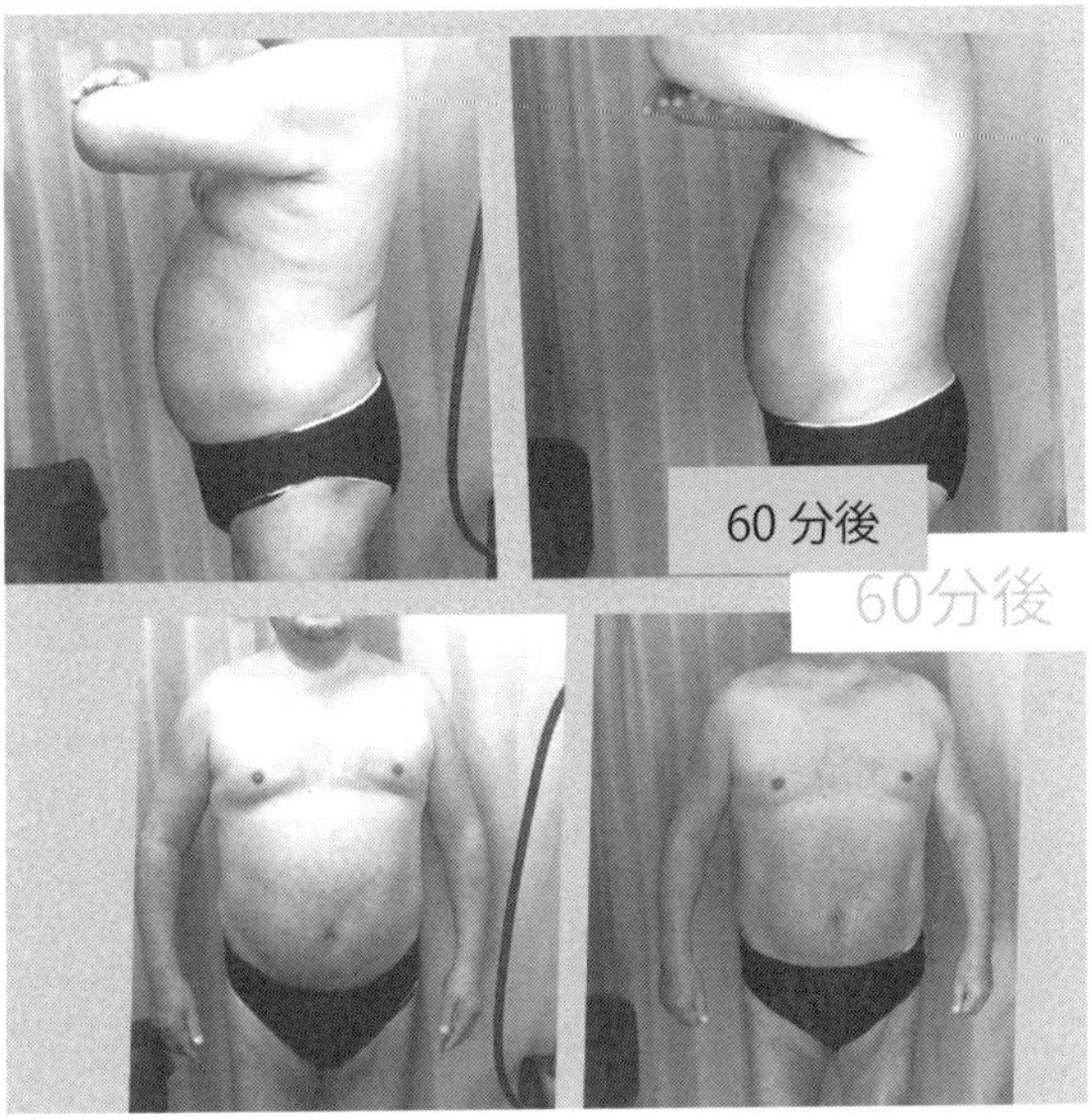

お肉を焼くと形が小さくなるのと同じような感じで、脂肪の数は減りませんが、大きな脂肪が小さくなるので、結果、身体が引き締まったように見えるのです。

ですから速攻性があり、最速で痩身、ハイパーナイフをかけた部分の部分痩せも可能なのです。

あとは、ハイパーナイフをかけて終わりということではあまりにもったいないです。

したがって、施術を受けたら「脂肪酸」をすべて燃やし切る勢いで、トレーニングと有酸素運動とサウナを忘れずないようにしてくださいね。

8　ハイパーナイフ施術後の過ごし方で差をつけよう

3日間は燃えやすい

施術しただけでも見違えるほどの効果があるハイパーナイフですが、さらに効果に差が出るポイントをお伝えしていきます。

私のハイパーナイフ施術を受けに来ていただける方には、私の施術をただのエステと思わないで欲しいと思っています。せっかくお金をかけて施術を受けていただいたわけですから、結果でお返ししたいのです。

ジムのトレーナーではありませんが、エステトレーナー、ハイパーナイフという名のトレーニングと思って来ていただきたいと思っています。

さて、重要なポイントをお伝えしましょう。恐ろしいことに、ハイパーナイフをかけて温められてほぐされた「脂肪酸」は、燃焼されないと〝3日〟でまた固まって脂肪となって身体についてしまうのです。

エステに行ったけどすぐ戻ってしまったという経験がある人は、施術後3日以内に何もしなかった人です。つまり、3日間、「脂肪酸」として流れているうちに、燃やして体外に排出するのがよいのです。

ハイパーナイフを受けて、はい終わりではあまりにもったいないです。全力で3日間を過ごしてみてください。

脂肪を燃やして身体の外に排出できるのは、トレーニングと有酸素運動なのです。せっかく施術したのですから、痩身目的の方は施術を受けたあとの3日間はたくさんのトレーニング、有酸素運動をおすすめします。そして、その後のサウナや半身浴です。

有酸素運動は「キツイ」という印象がありますが、ただ歩くだけでもよいのです。1駅歩くとか、ジムで自転車を漕いだり、ランニングマシーンで歩くのもよいでしょう。要は二酸化炭素が身体から出ればよいのです。呼吸を意識できればよいので、ゆっくりペースで構いません。

せっかく施術したのですから、より多くの脂肪燃焼をさせてください。脂肪を元に戻してはいけません。私は、いただいている料金で、3日分の効果と考えて施術させていただいております。アドバイスも3日分です。

ハイパーゴールデンタイム

さて、ハイパーナイフの施術を受けていただくに当たって、最も効果のある時間帯があるのをご存知でしょうか?

私は、その時間帯を「施術後のハイパーゴールデンタイム」と名づけています。

そのゴールデンタイムは、ハイパーナイフ施術後の「2時間」。この2時間が勝負となります。

よく、プロテインを飲むタイミングで一番よいのはトレーニング前後の30分間と言われたりしますが、この30分をプロテイン摂取のゴールデンタイムと呼んでいるのと同じで、施術後2時間がハイパーナイフの効果がさらに出る時間帯になります。

「秒」痩せするのは、まずは「タイミング」を知ることです。

9　ゴールデンタイムの過ごし方

施術後2時間の過ごし方が結果に繋がる

ハイパーナイフ施術後2時間のゴールデンタイムの過ごし方をまとめました。

①　食事を控える

代謝が上がり、身体の中は吸収しやすくなっています。

ハイパーナイフ1時間前くらいに軽めの食事を済ませていただいて、それから施術を受けるのがよいです。

施術前の食事は、なるべく消化のよいものを食べてください。とくに、トマト、玉ねぎ、唐辛子、ニンニク、ショウガ、納豆など、代謝を上げる食べ物、コーヒーなど脂肪燃焼効果のある食材を選ぶとさらに効果的です。

そして、施術後２時間以上空けてからのお食事も、施術前と同様に代謝を上げる食べ物や、脂肪燃焼効果のある食材、野菜やミネラル、タンパク質多めのものがよいでしょう。

逆に避けたいのが、アルコールや脂質、糖質の高いものです。また、大量の水分も、むくみやすくなるので気をつけましょう。

② トレーニング

硬くて冷たい脂肪がハイパーナイフで柔らかく燃えやすい状態になっています。施術後にトレーニングしてエネルギーとして燃やしましょう。

俗に言う「セルライト」は、燃やせる「脂肪酸」になっていなければトレーニングや有酸素運動、食事で減らすことはほぼできないと言われています。

脂肪が「脂肪酸」に分解されたタイミングでトレーニングして消費しないと意味がないのです。

③ 有酸素運動

「ハイパーナイフ→トレーニング→有酸素運動」――この順番が最も効果的です。

トレーニングは、脂肪酸を燃焼させるだけでなく、成長ホルモンも分泌します。

この成長ホルモンが脂肪燃焼を促すので、トレーニング後に有酸素運動をすることがベストなタイミングと言えるでしょう。20分くらいでいいので、軽めにウォーキング、バイクなどがよいでしょう。

痩身目的の方、減量目的の方は、ハイパーナイフ施術後の3日間、有酸素運動を多めにすることをおすすめします。

そのとき、最も気にして欲しいのは、しっかり「呼吸」を意識することです。

息をたくさん吐いて、脂肪を二酸化炭素として排出しましょう、ゆっくりな運動で、おしゃべりができるくらが丁度いいペースです。

【図表12　施術後ジムに直行してトレーニング】

④　サウナ（または自宅風呂で半身浴）

最後は、サウナがよいです。

サウナに入ることで血流がよくなり、代謝も上がり、トレーニングで燃焼された老廃物や身体に溜っていた疲労物質までも排出されます。脂肪を燃やし、排出することで痩せたと言えるのです。

私のおすすめのサウナの入り方は、サウナ10分、水風呂1分の3セットです。

もちろん、水分は取ってください。

ハイパーナイフ施術後に入るサウナ、いつもより汗の出る量がかなり多くなっていることを実感されるでしょう。普通にサウナに入るよりも、ハイパーナイフ施術日に合わせることが重要となります。効率よく汗を出すにはタイミングなのです。

タイミングを合わせることで相乗効果が生まれるのです。

燃やして出す

私は、ハイパーナイフ施術後すぐにジムへ直行してもらい、その後サウナに行くことをおすすめしています。

ゴールデンタイムがあるから、ジムへ行く道のりでもなるべく有酸素運動をしていただくと効果的です。

近くにジムがある場合は、そこまでも走っていきましょう。

通称「Ｖｓｈａｐｅダッシュ」、「ゴールドダッシ」、「エニダッシュ」と呼んでいます。ジムが遠く、電車で行くお客様には、最寄りの恵比寿駅まで「恵比寿ダッシュ」をお願いしています。

その後ジムに着くまで、電車の中ではその日にハイパーナイフをかけた部位をトレーニングです。スクワットぐらいなら電車の中でしても大丈夫です。他の人の目を気にせず、２時間のゴールデンタイムを大事にしてください。

ジムにサウナがついていれば、その際はトレーニング、有酸素運動が終わったら身体を冷まし、30分ほど間を空けてからサウナへ行ってみてください。また、サウナに行けなくても、自宅で半身浴や長湯でも大丈夫です。
老廃物をさらに「排出」していきましょう。

10 リンパドレナージュの手法

【図表13　リンパ節へ流す手法】

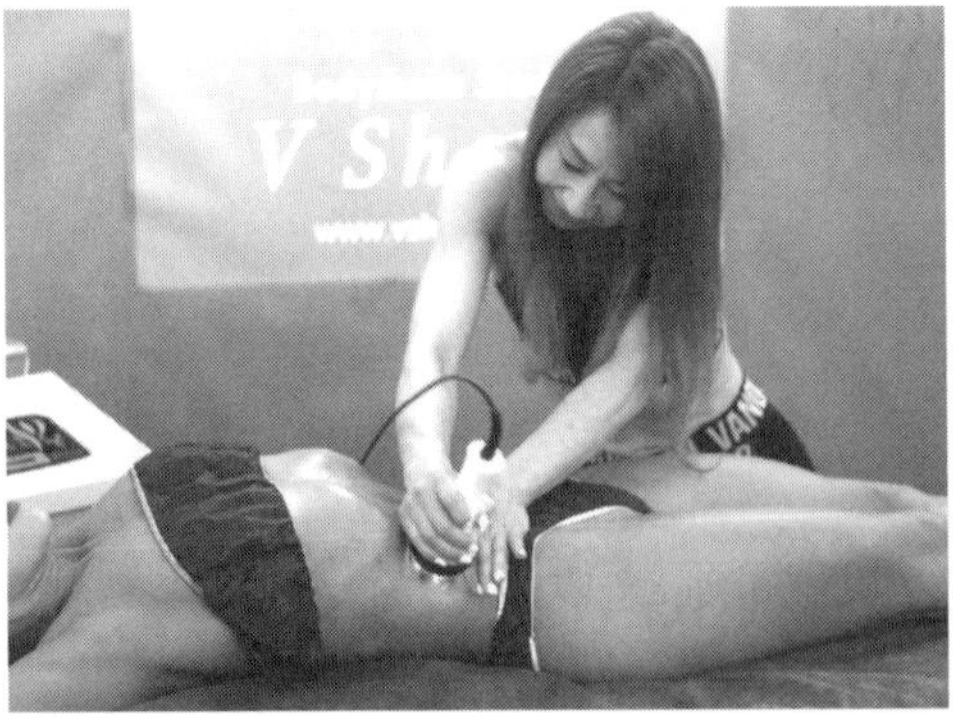

ハイパーナイフ＋リンパドレナージュ

ここでさらに、1つ知っておいていただきたいことがあります。

それは、リンパの流れをよくするための「リンパマッサージ」です。

これは、「リンパドレナージュ」というマッサージ方法になります。

リンパドレナージュとは、リンパの流れを手技により活性化させて、身体の余分な水分や毒素を排出するマッサージ方法です。

リンパの流れを整え、健康促進や美容に役立ちます。リンパが詰まっていると老廃物の流れも悪くなります。

このリンパドレナージュという手法とハイパーナイフを組み合わせた施術ができるセラピストを選ぶと、より効果的にハイパーナイフの結果を出すことができます。

ご自身でもサウナ内やお風呂上りの身体が温まっているときに、オイルを使ってリンパ節に向かってマッサージすればさらに効果がアップします。

人間には、図表14、15のように主なリンパ節として、膝下リンパ節、鼠径リンパ節、腋窩リンパ節、鎖骨リンパ節、耳下リンパ節などがあります。

このリンパ節の方向に向かってマッサージしていくとよいでしょう。

【図表14　主なリンパ節・前】

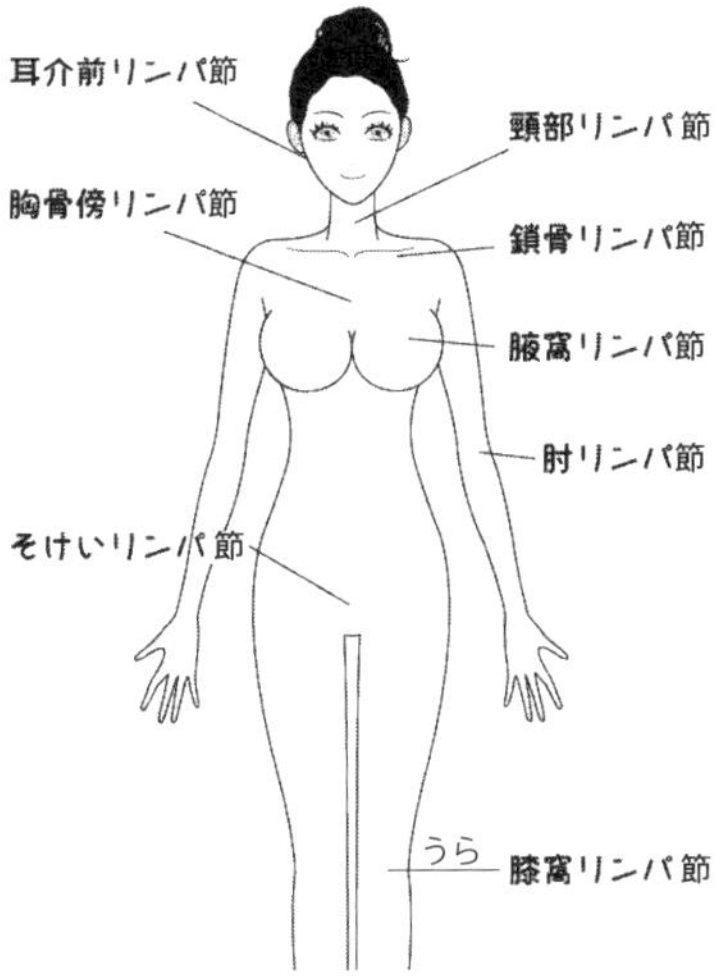

【図表15　主なリンパ節・後】

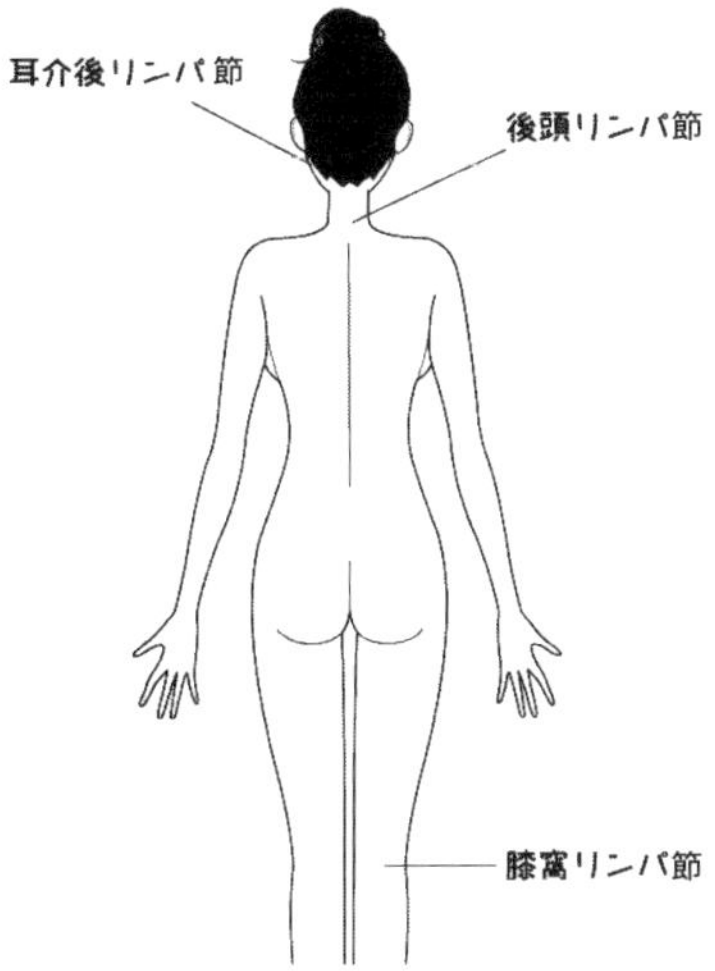

3日間はトレーニングと有酸素の時間を多めに

ハイパーナイフ後の2時間で筋肉トレーニング、有酸素運動、そしてサウナに行っていただき、3日間はトレーニングと有酸素運動の時間を多めにしてください。

「めぐ3セット」で、最速でボディメイクして、モテBODYになりましょう。

誰でもタイミングを活かせば、「秒」で身体は変わります！　効率よく身体を変えましょう。

11　プロのセラピスト、アマのセラピスト

最適な方法での施術

ハイパーナイフの施術をするセラピストには特に資格はありませんが、施術者によりかなり出来栄えが変わります。

私の施術は、次のような感じで行っています。

①　ハイパーナイフ＋リンパドレナージュ
②　適切な「圧」をかける
③　筋肉の繊維に沿って温度と速さの調節
④　筋肉の起始、停止部分はしっかりかける
⑤　部位ごとに違う最適の施術

⑥　大会ごと、カテゴリー別の施術

世の中にたくさんセラピストがいますが、おそらく、ここまでの施術は、私が一番自信のある「私にしかできない施術」ではないかと思っています。

たくさんのお客様が教えてくれたからたどり着いた施術だと感謝しています。

12　プロの施術を見極める

痩身目的カット出しのためのハイパー

血液は、心臓のポンプの力で流れますが、リンパ液は、呼吸、運動、外部からの圧力で流れるのです。

ハイパーナイフで脂肪が小さくなりリンパの流れもよくなるので、老廃物が流れやすいようハイパーナイフ施術をしながら手技でリンパドレナージュするのがよいです。

「圧のかけ方」もプロとアマでは大きな差が出るポイントです。

リンパの流れを熟知し、それぞれの場所に合った圧をコントロールできるようになるためには、かなり熟練が必要です。

リンパが滞りやすいところに的確な「圧と方向」を考えて施術すると、老廃物がスムーズに排出されます。利き手でハイパーナイフを使い、反対の手で圧をかけながら施術していくことです。

また、施術を受ける人によって、ハッキリさせたい筋肉のカットや痩せたい箇所は、もちろんそれぞれ違います。

詳しくは後ほどご紹介しますが、筋肉のつき方や方向を知っているかいないかは非常に重要です。ただ何となく施術するのではなく、筋肉に沿ってより効果的にハイパーナイフをかけないと華麗なカットも出てこないのです。

さらに、脂肪のつき具合によって温度、速さを変えてのハイパーナイフ施術が効果的です。

ちなみに、筋肉のカット出しについてですが、くっきり綺麗なカットを出すには、その筋肉の起始・停止の部分にしっかりハイパーナイフをかけることです。

そしてさらにカットを深く刻めるようにハイパーナイフで削っていくと、かなりしっかりとしたカットが見えてきます。カット線は、ハイパーナイフでより深く長くすることができるのです。

ここが痩身、カット出しのセラピストとしての知識と技術を求められるところです。

お客様は1人ひとり違う施術

最後に、大会によって求められているBODYは、各大会で全く異なります。

加えて、その大会の中にもいくつかの種目カテゴリーがあるので、さらに細かく求められるものが違ってきます。

大会前日にハイパーナイフを施術される選手の皆さんには、限られた時間の施術となるので、一

【図表16　求められるBODYは個々に違う】

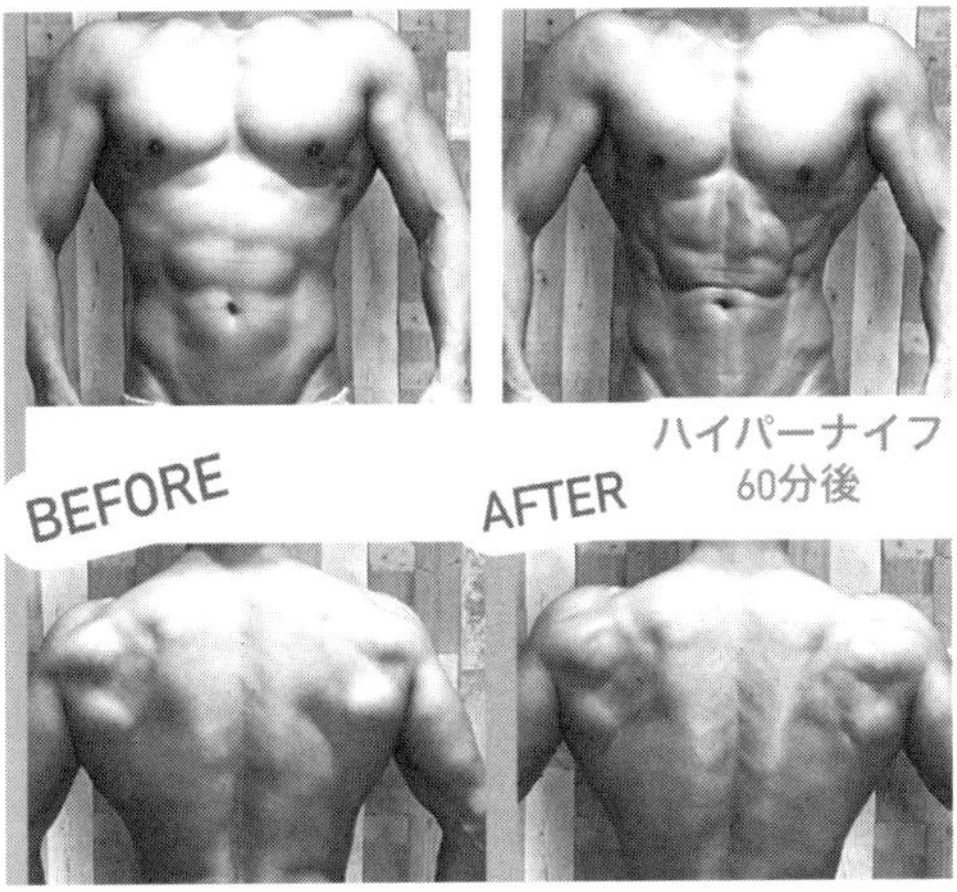

番出したいカットやくびれづくりに施術時間を費やしたいものでしょう。

ですから、皆さんそれぞれの注文が違って当然なのです。

皆同じ施術なんてあり得ません。大会当日に出したいところにピンポイントで施術するには、それぞれの大会ごと、さらにはカテゴリーごとに求められている像をきちんと知っていて、把握していなければ無理なのです。

選手の方には、安心して最後のお仕上げを担当させていただくことができるよう、日々研究し、進化していけるよう努力していきたいです。

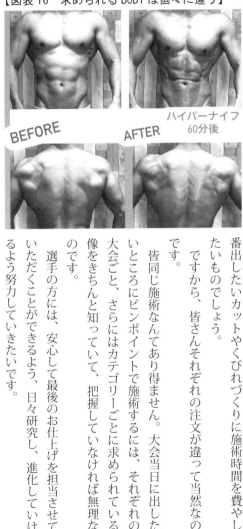

13　1ミリでも多く削り倒せ

施術した翌朝に実感

もし、あなたが、ボディメイクの競技に出ている選手で、同じ金額を出すなら、選手のことをわかっているセラピストに施術してもらいたいと思うでしょう。

とくに、翌日に大会を控えた選手の方ならなおさらでしょう。

ハイパーナイフのすごいところは、即効性があり、効果がすぐ目に見えてわかるというところです。

30分の施術でも、すぐに効果が出る人もいますが、大体は翌日の朝に出ます。

何か月もかけてつくり上げてきた身体に最後のひと絞りを託すのですから、1ミリでも多く削ってくれて、より筋肉のカットを出してくれるセラピストを選びましょう。

私は、施術中にくびれができて、筋肉のカットがくっきり出てくると、非常にテンションが上がってきます。

気分が乗ってくると、脂肪を削るという作業が楽しくて仕方ありません。

さらに、気持ちがお客様にも伝わるのか、お客様のやる気や思いも引き出すことができるようです。

「ハイパーナイフの効果を最大限に引き出し、大会当日の朝をびっくりさせてあげたい」。

「サロンに来たときと返るときは別人になっていて欲しい」。

私は、そんな思いでお仕事をしています。

ですから、施術した選手の方々の大会の結果も気になるし、優勝させてあげたくて仕方ありません。

また、コンテストではなく、痩身が目的の人には、きっちり結果を出し、痩せるきっかけをつくってあげたいのです。

今、素晴らしいお客様に囲まれてお仕事をさせてもらっていることに幸せを感じており、感謝しかありません。

14　秒で痩身、モテBODYへ

最速で効果を出す組合せ

１秒で痩せるということではありませんが、トレーニングだけより、ハイパーナイフ施術だけより、最も早く痩身する方法があります。

ここまで読んできていただいている方は、もう大丈夫だと思いますが、トレーニングだけでは痩せなかった人、エステに行ってみたけどまた元に戻ってしまった方、より効果的に脂肪を燃焼するには、ハイパーナイフとトレーニングの融合が最強、最速なのです。

①　ハイパーゴールデンタイム…ハイパーナイフ後にトレーニング＋有酸素運動＋サウナ

②　ハイパー施術後３日間…トレーニング、有酸素運動多め

エステとトレーニングの融合で最速でモテBODYになりましょう。

ハイパーナイフの施術でワクワクしていただき、最速でモテBODYになって笑顔があふれたら

最高です。

人生楽しんだ者勝ちなのです。

15 痩せるには食事8割、運動2割

ちょっと食事に気をつけるだけで変わる

さて、トレーニングで筋肉をつけて、代謝を上げて、食べても太りづらい身体をつくるには、毎日の食事を見直すことも大切です。

痩せるには、食事8割、運動2割です。

基本的に、次の3つをまずは覚えましょう。

・「筋肉をつくるタンパク質」は多めに
・「糖質に注意して、消化を穏やかにする食物繊維」は多めに
・「脂質の少ないもの」

毎日の食事を変えることがボディメイクの基本です。

食事が乱れていたら身体は変わりません。何かだけを食べ続けるとか、糖質や脂質を抜くといったダイエットはおすすめできません。

しっかり食べて、トレーニングで筋肉を増やし、基礎代謝を上げていきましょう。

16　大会前日の施術で筋肉がくっきり出る

燃えやすい脂肪酸になっているのは３日間

痩身目的や大会の減量加速の目的ではなく、「とにかく明日までに少しでも痩せて魅せたい、しまった身体になりたい」というときには、エステ感覚でハイパーナイフ施術を受けてみてください。

施術後３日以内であれば、脂肪が「脂肪酸」となっているので、瞬間痩せを実現したように見えます。

脂肪の数は変わりませんが、大きな脂肪が少し小さくなった状態になりますので、３日間の限定ではありますが、周りからは痩せて見えます。

即効性を求めるならハイパーナイフです！

大会前に1ミリでも細く魅せたいとか、撮影前にさらに魅せる身体になりたいというモデルのお客様もたくさん施術を受けられています。

翌朝の変化に驚嘆

大会に出ている選手やモデルの方などが、こぞってご来店されるのがまさに大会や撮影の前日なのです。

筋肉のカットをより出したい場合、前日にハイパーナイフ施術をすることで、大会当日の朝に筋肉がくっきり出ているからです。いわゆる「筋肉のカット出し」という作業です。

皮膚の皮と筋肉の間にある水分がなくなるから、皮が筋肉に張り付いたように見えるのです。大会でカットをよりよく魅せるこの施術方法は、私の一番得意とするところです。

17 筋肉のカット出し

ハイパーで筋肉をくっきり魅せる

この効果が発揮されると、お腹の6パックや肩や背中の筋肉のカットがくっきり出て、大会で有利に魅せることができます。

ハイパーナイフとトレーニングの融合の効果に気づいて、2つを融合したパーソナルジムＶｓｈａｐｅをオープンした田村オーナーは、２０１８、２０１９年の世界マスターズの世界チャンピオンでもあり、２０１９年にはオーバーオール優勝もされた尊敬すべき選手でもあります。日本のフィジーク界のスター選手です。

私がＶｓｈａｐｅでセラピストになってからは、普段のお手入れはもちろん、大きな大会や過去2回の世界大会マスターズ直前のハイパーナイフの施術もさせてもらっていました。

ハイパーナイフに関して一番注文が多いですが、私にハイパーナイフを教えてくれた師匠でもあります。

世界一のオーナーの身体で一番勉強させてもらいました。

そのオーナーの大会の結果がハイパーナイフの効果の証明です。

本当に、ハイパーナイフでの筋肉のカット出しはすごいです。最後のひと絞り、するかしないかでかなり差がつきます。

選手の方には、大会前全員に施術してあげたいです。

18　魅せるBODYへ

減量加速魅せる総仕上げ

女子が気になるモモの後ろや美しいモテS字ライン、もちろんお腹まわりも、ハイパーナイフを施術することですっきり魅せることができます。

男子が気になる腰回りも、ハイパーナイフの施術をきっかけに細くすることも可能です。

選手の方は、大会に向けて何か月も前からトレーニングと食事管理で準備してきて、大会直前に総仕上げとしてハイパーナイフを受けに来てくださいます。

痩身目的の方には、ハイパーナイフを契機に、トレーニングするきっかけにもなっています。

今は、皆さんのお役に少しでも立てていることが嬉しくてならないです。

身体も心も変える

かつては、私も、ＶＳｈａｐｅに入る何年か前から、大きな大会前にはエステ感覚でハイパーナイフを受けていました。

近くのスーパー銭湯にあったエステでモモの後ろだけ左右5分ずつ施術してもらい、そのまま岩盤浴へ行っていました。すると大会当日かなりすっきりした記憶があります。

まさか私がハイパーナイフのセラピストになるとは夢にも思っていませんでしたし、より結果が出る施術方法があることも知りませんでした。

お客様から他で受けたハイパーナイフと全然違うというお声をいただきますが、実は私、販売元の会社の研修を受けていないのです。

田村オーナーに圧のかけ方をみっちり教わり、あとは独学でした。

お客様の声が先生であり、正規の施術方法を習わなかったので、型にはまらず自由に進化してしまったようです。

効率よく筋肉のカット出しはできるのです。

正に「秒」で変わり、魅せる身体へ変わってみませんか。

年齢を言い訳にせず、何でも挑戦できるって素晴らしいです。

やるかやらないかです。

ハイパーナイフをきっかけに、身体も心もどんどん変わっていって欲しいと思っています。

コラム　恵比寿Ｖｓｈａｐｅオーナー・田村宜丈氏より

２０１８年にＶＳｈａｐｅをオープンし、私自身で様々なお客様にハイパーナイフの施術をしながら、沢山の発見がありました。

圧のかけ方やカット出しのテクニックなど、自身の手技のスキルアップに楽しみを感じていた頃、コンテスト出場前にご来店いただいためぐみさんを施術しました。

当時、私自身も選手として多忙を極めていた時期で、ちょうどめぐみさんが前職をお辞めになったというお話から、お店を手伝ってもらえないかオファーしたところ、快諾いただけたのがスタートです。

正直、研修当初は、結構不器用な方だなーって、ちょっと不安でした（笑）。

が、めぐみさんには教えたことを実直にひたすら繰り返す能力と根性がありました。

気がつくと、彼女の施術テクニックはめきめき上達しており、驚愕しました。

そして、２０１９年のオンシーズンが到来。コンテストブームの相乗効果もあり、有難いことに大会出場前の選手からたくさんのご予約をいただきました。

ちょうどボディカラーリングも開始したことで多忙を極める日々。

しかし、私自身は、本職と選手活動でお店の運営に手をつけられない状態でした。

そんな中、めぐみさんは、1人でお店を切盛りしてくれました。

多い日は、ハイパーナイフやカラーリングで合計30人くらいを1人で対応してくれたこともあります。

ご自身の選手活動もある中で、睡眠時間を削って朝から晩までお店のために尽くしてくれたことは、言葉にしきれないくらい、感謝の気持ちで一杯です。

2019年のオンシーズンが過ぎ、少し落ち着いてきた頃、私自身の大会が近づいてきたので、何度かめぐみさんに施術をお願いしました。

既に数百名の施術をしてきた彼女は、私の技術を遥かに上回るゴッドハンドになっていました。

単なる技術だけの話ではありません。削ることへの楽しさと喜び、深いホスピタリティ、お客様のために一生懸命に施術する「心」を感じました。

Vshape オーナー・田村氏の雄姿

これを「ハイパーナイフ愛」と呼びましょう。

めぐみさん、改めまして、今までVShapeを守ってきてくれてありがとうございます。

これからも恵比寿発↓日本一の削り師として、ハイパーナイフ愛を一緒に広めていきましょう！

施術方法もどんどん上がっていくし、私もまだまだ進歩したいと思っています。

第2章　部位別にモテBODY

1　部位ごとの施術の違い

ハイパーコンプリート施術

では、部位ごとの施術方法とトレーニングについてお伝えしていきましょう。

ここでは、ハイパーナイフを施術してからのトレーニング方法等を載せていますが、毎回ハイパーナイフができるわけではありませんよね。

ハイパーナイフの機能は、赤外線とラジオ波で温め、ジュール熱を体内に発生させて、体温を上げることです。つまり、ハイパーナイフを使わずに体温を上げればいいのです！

入浴やシャワー後、身体が温まっている状態で手を温め、オイルマッサージをすることで、ハイパーナイフを施術したときに近い効果が期待できますよ。

ハイパーナイフ施術の部分をハンドマッサージに置き換えて、この先読み進んでいってください。

基本となる施術

基本となる施術は、次の手順のとおりです。

①　流したいリンパ節付近にハイパーナイフを当てて老廃物の流れをよくする

部位ごとにリンパ節へ流す施術。ハイパーナイフの後は、手技でさらにリンパ節へマッサージをする。

②　ストレッチ

③　トレーニング（ジムまたは家）、有酸素運動、サウナ

④　食事管理

合間にポージング練習をする（図表17、18参照）。

【図表17　ビキニカテゴリーのポージング】

【図表18　モノキニカテゴリーのポージング】

2　モテウエスト

細いウエストへ

最速でモテBODYを手に入れるなら、キーワードは「ウエストの細さ」です。

男性なら、逆三角形のアウトラインにするには、肩、背中を鍛えて大きくすれば見た目、ウエストも細く見えます。VシェイプまたはTシェイプのアウトラインを目指しましょう。

女性なら、肩と臀部を鍛えメリハリのある砂時計ボディ、きれいなS字ラインをつくればウエストも細くみえます。

男女ともに、くびれBODYはモテBODYです。

綺麗で細いウエストを手に入れたら人生までも変えてしまうかもしれません。年齢は関係ありません。すぐに始めてみましょう。

美くびれ、薄いお腹へ

ウエストをくびれさせるには、腹直筋の腹筋のトレーニングはNGです。鍛えれば鍛えるほどウエストは太くなっていきます。肋骨と骨盤の距離を離し、開いた肋骨を閉めることが重要です。

ポイントは、肋骨と骨盤を離すストレッチなのです。

ハンバーガーの上下にあるパンを上から押すと挟んであるお肉が飛び出しますよね。はみ出したお肉を収めるには、パンとパンの間の距離を離せばよいのです。

それと同じで、肋骨と骨盤の距離を離せばくびれがつくりやすくなるので、まずは肋骨と骨盤の位置を正常にしましょう（図表19、20参照）。

① ハイパーナイフで肋骨から骨盤周りを温めて緩める

② くびれには肋骨と骨盤を離すストレッチ、下っ腹には腸腰筋のストレッチ
③ 肋骨を閉める
④ プランクで体を鍛える
⑤ 寝る時間以外はドローイン

【図表19　ドローイングしながらお腹をえぐる方法】

【図表20　くびれをつくる施術方法】

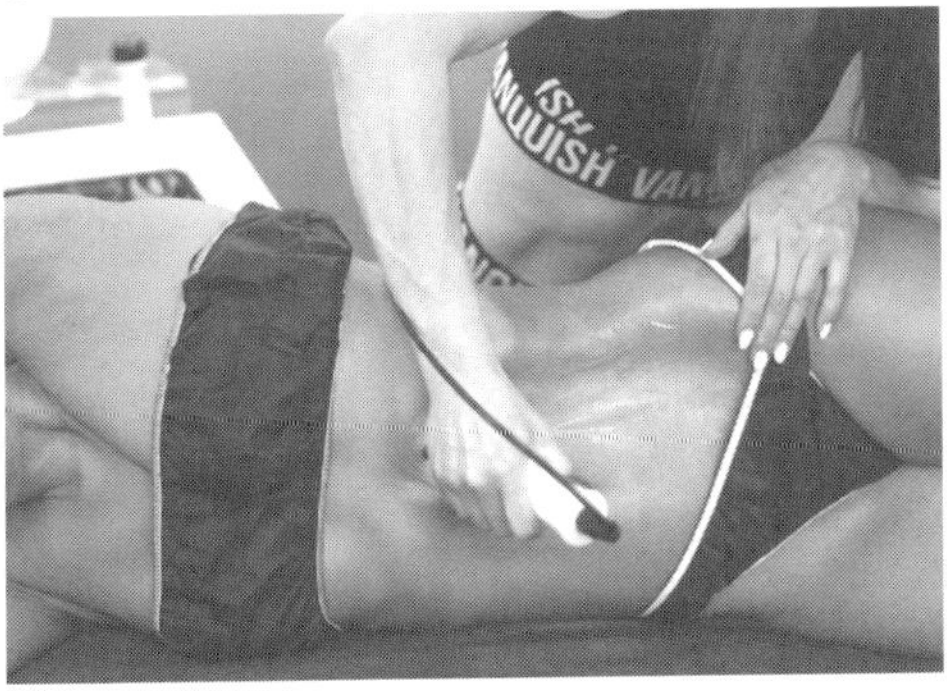

細いウエストをつくるハイパーナイフ

鼠径リンパ節へ流します。

まずは、男性も女性もハイパーナイフでウエストラインを削ります。

ポイントは、ハイパーナイフで、背中↓くびれ↓下っ腹、肩甲骨↓腹斜筋、下っ腹と肋骨下、骨盤周りを柔らかくするの

【図表21　お腹をえぐる①】

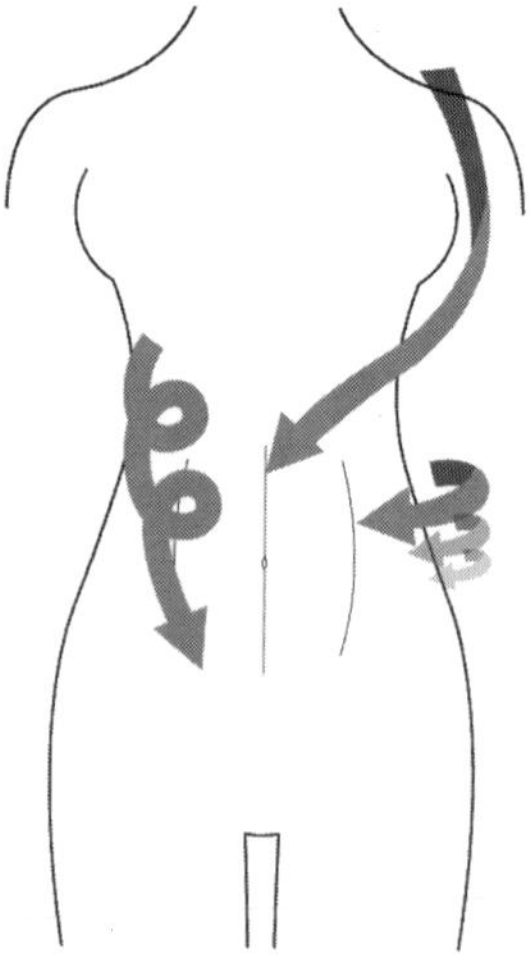

【図表22　お腹をえぐる②】

【図表23　お腹をえぐる③】

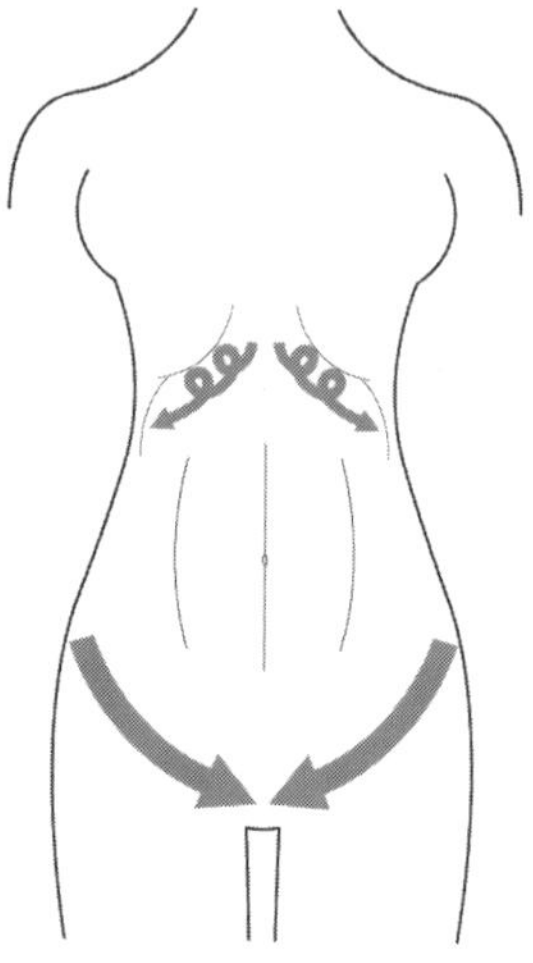

【図表24　お腹をえぐる④】

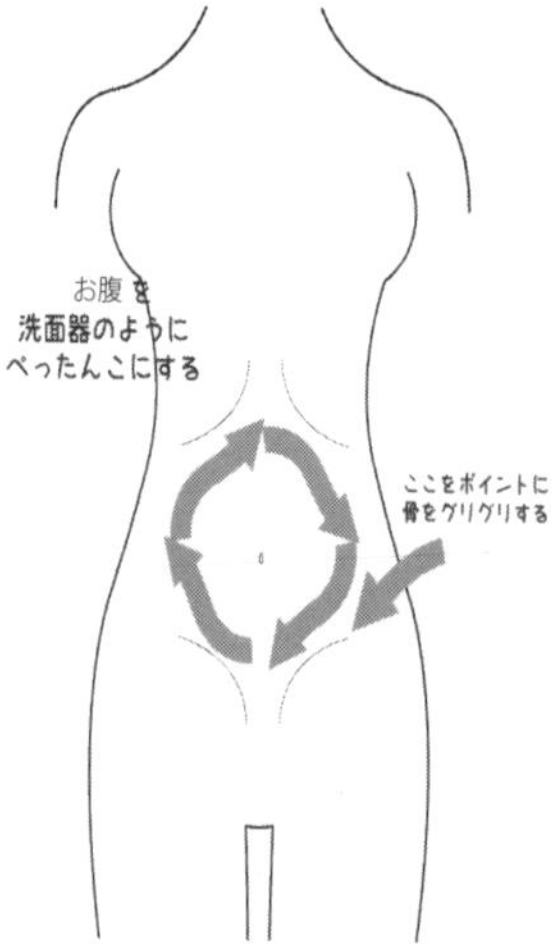
お腹を
洗面器のように
ぺったんこにする
ここをポイントに
骨をグリグリする

です。

目標は、洗面器のようなお腹です。

ゆっくり圧をかけながら行いましょう。

さらに、横向き、仰向け共に息を吐き切って、ドローイングした状態で施術します。

背中側、下背から脇腹のお肉

（浮き輪）は、男子も女子もトレーニングではなかなか落とすことが難しい場所です。骨盤周りを重点的にえぐりましょう（図表22～24参照）。

ストレッチ

肋骨下を柔らかくしたら、肋骨と骨盤を離すストレッチをしましょう。息を吐きながら気持ちよく伸ばします（図表25参照）。

また、開いている肋骨を閉めるとくびれやすくなります。それには横隔膜のコントロールが重要です。

【図表25　脇を伸ばすストレッチ】

息を吸うと横隔膜が下がり、肋骨が開き、息を吐くと横隔膜が上がり、肋骨は閉まります。

四つん這いになり、背中を丸め息を吐き切り、肋骨を閉めていきましょう。

立ったまま肋骨にタオルを巻き、吐きながらタオルを閉めるのもとってもおすすめです。

下っ腹を凹ますには、腸腰筋（腸骨筋、大腰筋、小腰筋）のストレッチも忘れないようにしましょう。

トレーニング

トレーニングは、クランチ、サイドクランチがおすすめです。

寝ている以外はドローイング

寝ている時間以外は、いつでもドローイングです(図表27参照)。ドローイングとは、お腹を引っ込めたまま呼吸することです。おへそが背中にくっつくように意識しましょう。

お腹の奥にある腹横筋まで収縮させることができ、腹斜筋、骨盤底筋まで効率よく動かすことができます。

【図表26　サイドクランチ】

いつでもお腹に意識するくせづけ

日常生活では、いつでもお腹を意識しましょう。

街中を歩いて鏡に自分が写ったら、背筋を伸ばしてドローイングです。

ウエストシェイパーを巻くのもよいですが、頼り過ぎると体幹が弱くなるので、例えば1日1時間など時間を決めて着けてみましょう。

慣れてきたら、バキュームという動きにも挑戦してみましょう。

息を吐き切ったら、背中とお腹をくっつけるイメージで10秒くらい止めてみましょう。

【図表27　ドローイング】

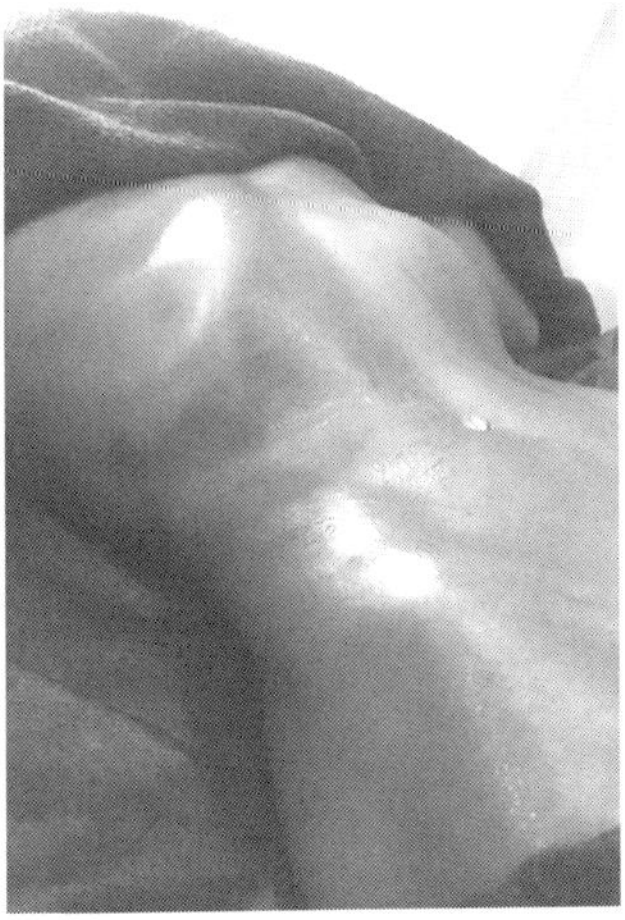

さらに、有酸素運動で脂肪を燃やし、食事で体脂肪を減らすことも必要です。

いつでもお腹を意識して生活するようにしてみてください。

案外、くびれは、ご自身で何とかできる部位なのです。やるかやらないかだけの問題です。

今から、本を読む間もドローインしてくださいね！

3　6パック

大会を控えた方

繰り返しますが、大会前日のハイパーナイフ施術がおすすめです。

ハイパーナイフが得意とする「筋肉のカット出し」という筋肉の線をより綺麗に魅せる施術になります。最後のひと絞りができて、見栄えが変わります。

絞ってきた6パック（図表28参照）をさらに皮1枚に、そして血管を走らせます！

筋肉と皮の間の水分を流すので、さらに皮が筋肉に張りつき、結果、腹筋のラインがパリッと見

【図表28　６パック】

えるのです。

大会で、とくに男子は、腹筋線（ミッドセクション）がクッキリと見えるかがとても重要です。

男子なら、大会に合わせて減量しているはずですから、６パックもはっきり見えているはずですよね。

最後のひと絞りにハイパーナイフの施術が最強なのです。

よりはっきり腹筋線が見えるようになります。

ハイパーナイフ施術後にくっきりする方も多いですが、大体の方は、水分の抜ける翌朝にくっきり出るので、前日の施術がおすすめなのです。

女子は、６パックの横線を必要とする大会のカテゴリーがあります。

女子フィジーク、フィギア、ボディフィットネス等の方々です。

その他の大会に出ている女子のカテゴリーは、アブクラックスという真ん中の線と脇の線、縦に３本で十分なので、横線が出ないよう施術するのも重要です。

痩身目的の方

痩身目的の方やハイパーナイフをきっかけに腹筋線を出したい方にも、もちろん有効です。ただし、体脂肪率が高いと見えないので、しっかり食事で体脂肪を落とすことも大切です。

男子なら、体脂肪率10％を切ればうっすら線が見えてきますよ。

腹筋は誰でもあり、その上に脂肪が乗っているので、その脂肪を落とせば腹筋がくっきり見えてくるのです。腹筋の形は遺伝によって決まりますので、生まれつきとなります。

脂肪の層から顔を出した腹筋線が綺麗に揃っていたら、産んでくれたお母さんに感謝しましょう。

ハイパーナイフでは、お腹の横から、上から、脂肪が流れやすくなるようにたっぷりと時間をかけて施術していきます。パリッを皮１枚にして血管が走ってきたらテンションも上がりますね！

【図表29　６パックへの当て方】

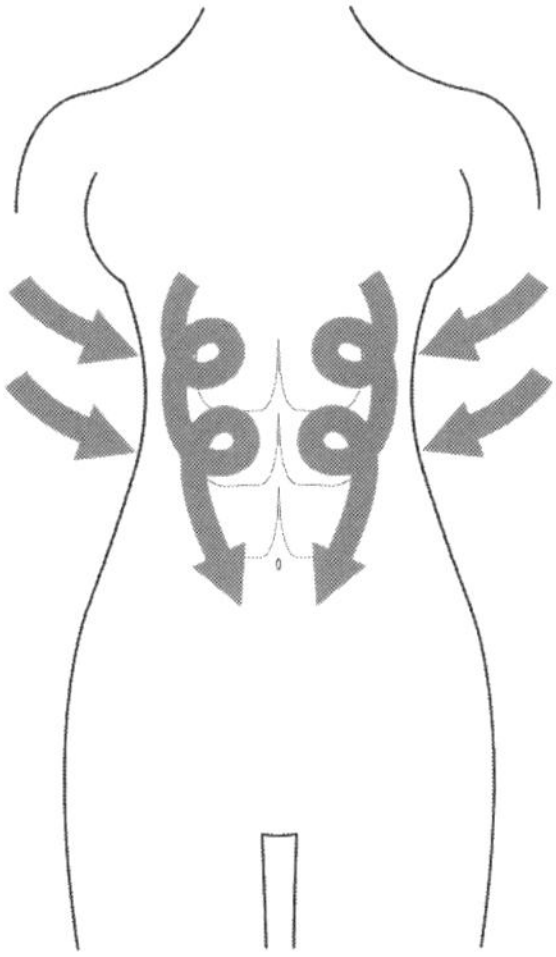

ハイパーナイフ

鼠径リンパ節へ流します。お腹中心に円を描きながら鼠径部へ（図表29参照）。

腹筋線は、出しやすい部位です。腹筋をなぞるようにしっかり当て、鼠径部まで流れるように繋げます。

横線は出にくいので、多めに当てるとよいでしょう。

下っ腹、腰肉からお腹にかけてのラインは、最も出しづらいのでゆっくりと施術しましょう。

お客様には、ドローインした状態を保っていただきながら、腹筋線に何度もあてます。

肋骨、骨盤に沿っての骨周りは熱く感じるので低温でえぐるように削るのです。

この部分をまずハイパーナイフ施術で柔らかくして、洗面器のようになるまで丁寧に彫ります。

ウエストも細くなりやすくなりますよ。浮き輪部分を取るには、下背から繋げて鼠径部へ流していくと効果的です。

ハイパーナイフをかけることで腸の動きもよくなることがあるので、グルグル～と、お腹が鳴ることが多いです。また、上からぐいぐい圧をかけるので、老廃物も流れやすくなっているので便意や尿意が出てきます。

ハイパーナイフの顔用の小さいヘッドは、6パックをつくる筋肉の線にぴったりなので、座った状態でお客様の腹筋線にそって施術します（図表31参照）。

【図表30　6パック】

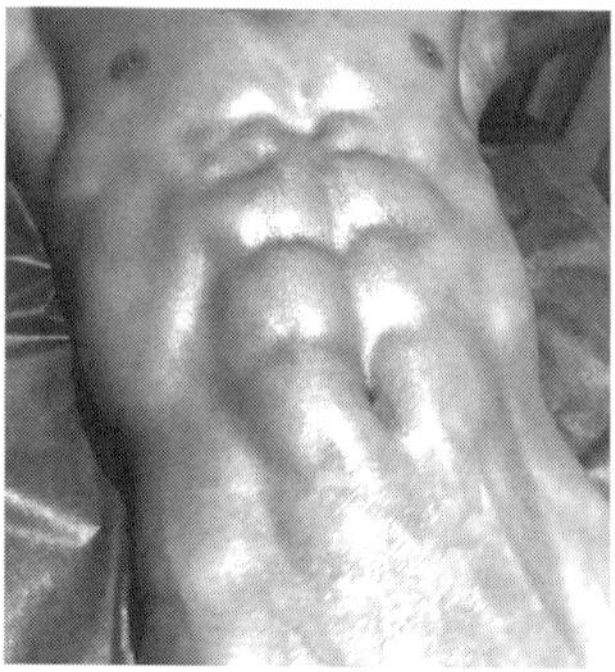

【図表31　座った状態で腹筋線に】

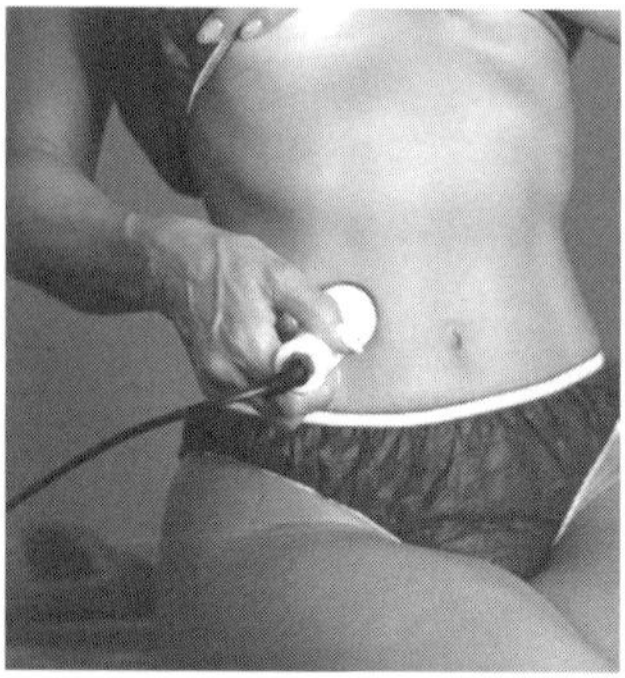

※注意　セルフのハイパーは禁止なので、このヘッドを使う場合、部位別に速さ、温度、圧等を調整します。

【図表32　腹筋を鍛える】

【図表33　負荷をかけて腹筋を鍛える】

トレーニング

おすすめトレーニングは、王道とも言える腹直筋をダイレクトに鍛えるものです。もちろん、腹横筋、腹斜筋も、部位別にしっかりトレーニングしましょう（図表32、33参照）。

クランチ、シットアップ、プランク等も含めて、とにかくバキバキになるまで鍛えましょう。

腹筋は、細かく部位をかえて毎日やるのが重要です。

ダンベルなどの重りを持っ

たり、チューブを使ったり、負荷をかけることをおすすめします。

まずは、体脂肪を減らさないと6パックは出てこないので、食事で体脂肪を10％以下にすることです。

4　S字モテラインとTshape

S字カーブをセクシーに魅せるラインづくり

「セクシーモテライン」と私が名づけている背中からヒップまで、綺麗なS字カーブは、女性の憧れでしょう。いわゆる「S字カーブ」です（図表34参照）。

身体を横から写真撮影したときに、綺麗なS字カーブになるBODYをつくりましょう。

【図表34　S字カーブ】

【図表35　S字カーブの施術】

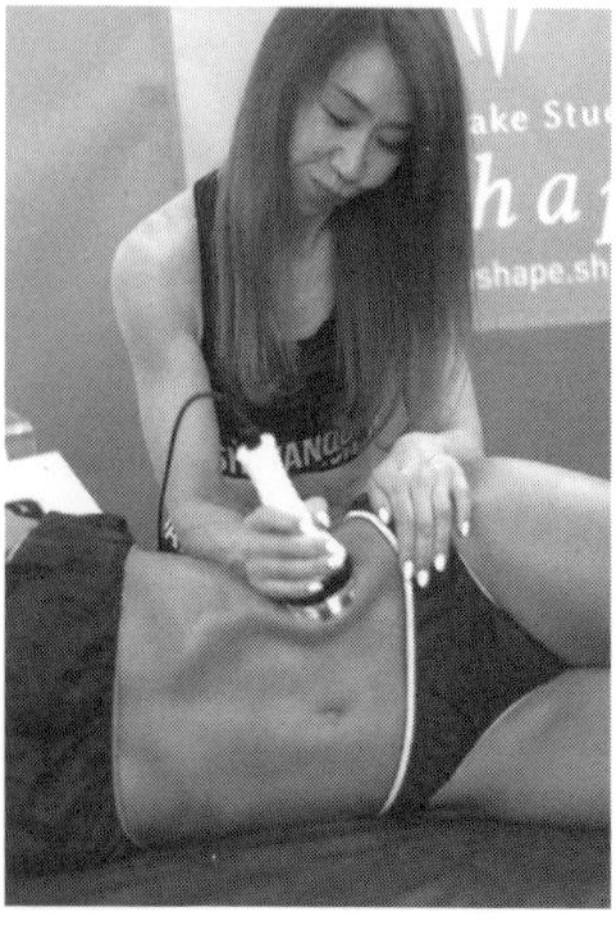

砂時計ＢＯＤＹとも言われていますが、より綺麗にハイパーナイフで削り取りたい場所です（図表35参照）。

大会に出ている男子の選手も、広い肩幅からキュッとした腰までの差が大きいほど大会では有利ですし、色気があってかっこよくなります。

今や逆三角形のＶｓｈａｐｅより、もっと肩とウエストの差が大きいＴ字型のＴｓｈａｐｅが憧れられる時代です。

くびれづくりとともに、メリハリをつけるには、バランスのとれた肩とお尻のトレーニングも大切になります。

ハイパーナイフ施術ポイント

鼠径リンパ節へ流していきます。

身体を横にして、肩甲骨の裏をゆるめ、腹筋線から骨盤の内側を通り鼠径部まで一直線にかけていきます。

くびれ部分を背中、腹と何度か繰り返し、骨盤に沿って鼠径部へと流すのです。

三頭筋から一直線に鼠径部へも流しましょう。

身体の角度を変えながら、念入りに骨盤周りも流しましょう。

そして、膝裏からハムストリングス、お尻へ流します。

【図表36　もてラインの施術の流れ】

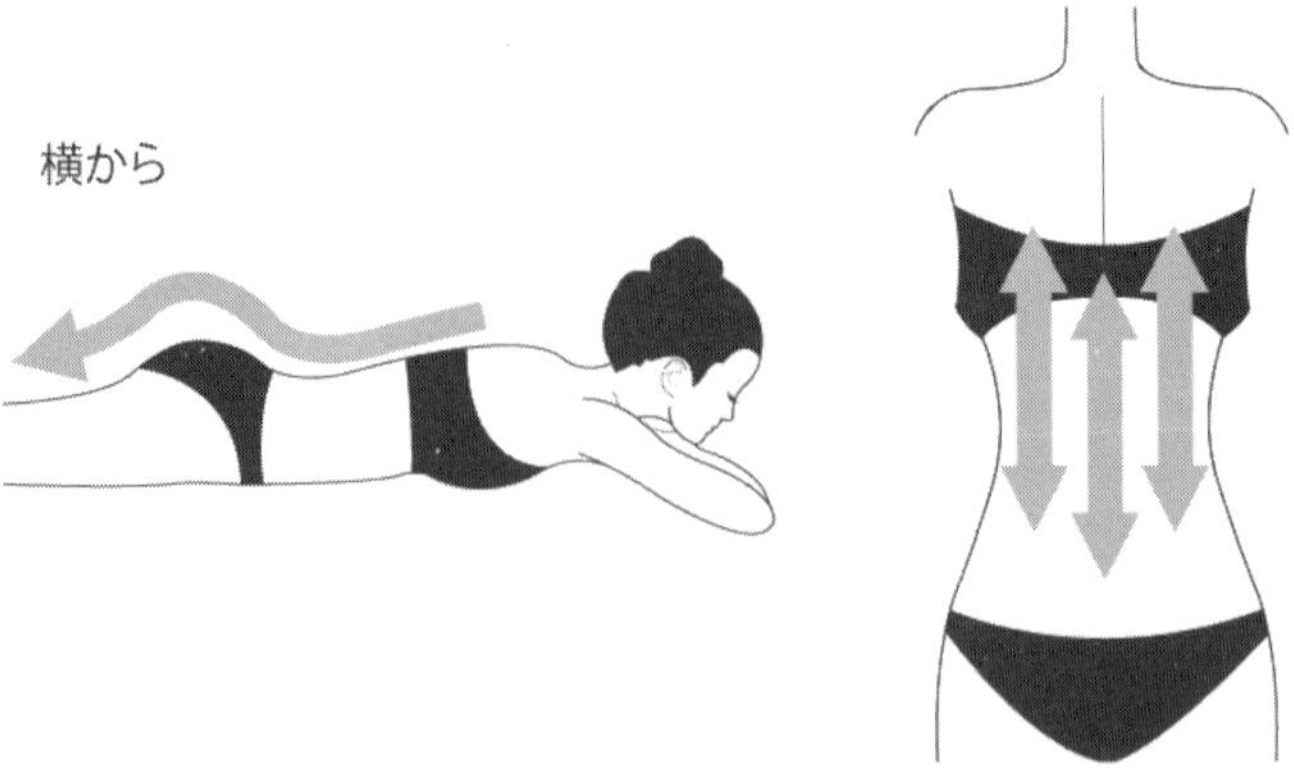

肩甲骨下から腰までは往復でかけましょう（図表36参照）。

膝横からお尻横までも流すことを忘れないように。

腹斜筋をクッキリさせるには、身体を斜めにし、腹筋に力を入れた状態でかけると、カットが出やすくなります。

また、顔もハイパーナイフ施術をすると、小顔になるので、顔が小さくなり、肩幅が広く見えます。

ストレッチ

お腹、お尻の筋肉がやわやかいと、くびれがつくりやすくなるので、お腹周りのストレッチに加えて、腰からお尻にかけてもストレッチしましょう。

脂肪が最も落ちにくい腰肉のたるみには、ストレッチ不足が原因となっていることが多いのです。

ストレッチポールを当てて、腰を伸ばすことを日常的にしておくとよいでしょう。

【図表 37　お尻のストレッチ】

【図表 38　肋骨を伸ばすストレッチ】

また、ウエストを伸ばしてひねったり、下っ腹を凹ますことによって腸腰筋を伸ばすストレッチをすることもおすすめです。

トレーニング

トレーニングで下腹部をスッキリとさせるには、下腹の奥にある大腰筋が動くトレーニングがおすすめです。

また、肩、背中、ヒップも鍛えましょう。

いわゆる砂時計ＢＯＤＹとなり、ウエストがくびれて見えます。

バーベルスクワット、プランク、バイシクルクランチ、ラットプルダウン、ヒップスラストといったトレーニングがおすすめです。

5　肩回り・胸

短時間で見栄えのする筋肉美へ

大会に出ている選手なら、男女問わず、肩のカット出しは最重要となります。

男子の選手にとっては、かっこいい肉体美を語るなら、肩と胸の筋肉のカット出しは必要不可欠です。

大きく鍛えられた三角筋の丸みを帯びたたくましい肩回りと、厚い胸板は、まさに男らしさの象徴です。

もちろん、大きく綺麗な肩や胸を作るのはトレーニングを頑張ることが最低条件ですが、ハイパーナイフ施術でさらにカットをくっきり出すことも重要です。

また、女子に多い振袖のような二の腕も、トレーニングで引き締めることができます。鍛えられた大胸筋は、垂れないバストの土台となり、バストアップにも繋がります。

ハイパーナイフ後にトレーニングをして最速でボディメイクをしましょう！

【図表 39　肩の流れ】

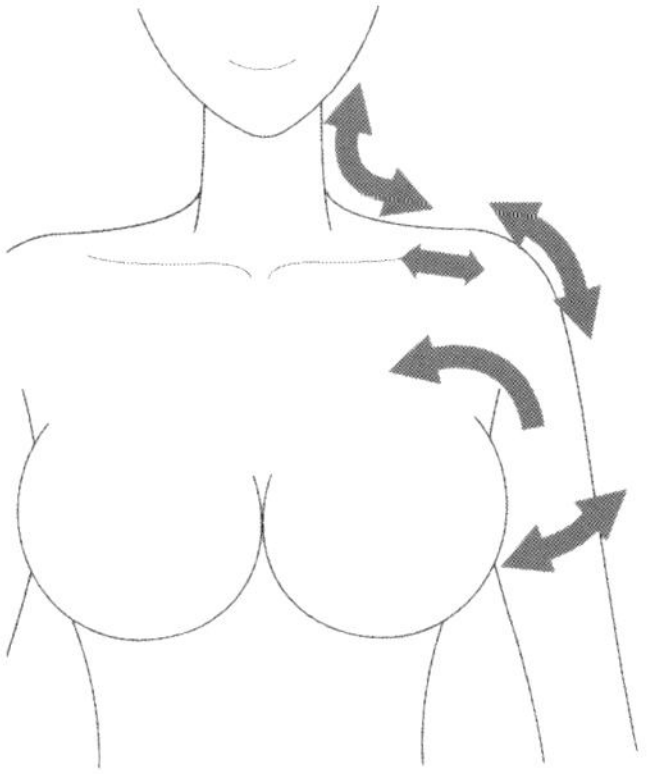

【図表 40　肩～二の腕の流れ】

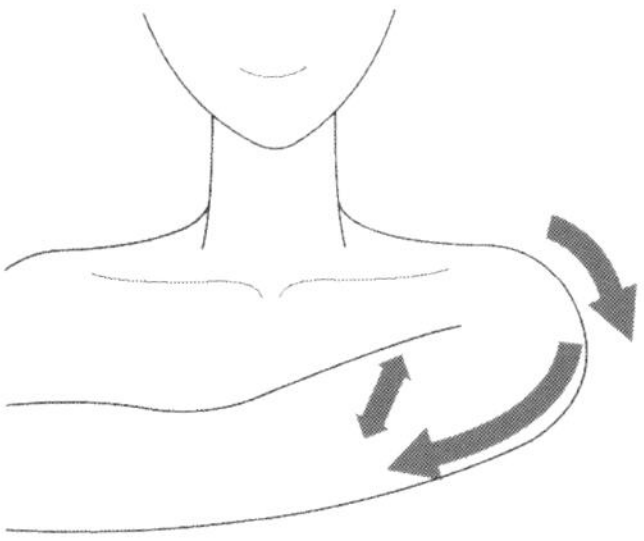

ハイパーナイフ施術のポイント

・肩回り

腋窩リンパ節、鎖骨リンパ節へ流していきます。

首から肩へ、肩甲骨から肩へ、腕から肩へと流します。

肩回りは、ハイパーナイフの施術がしにくい場所なので、あらゆる角度から流すように工夫しましょう。

・三頭筋・二頭筋

腕の後ろから、前から横から、腋窩リンパ節へ流します。

【図表 41　肩の流れ②】

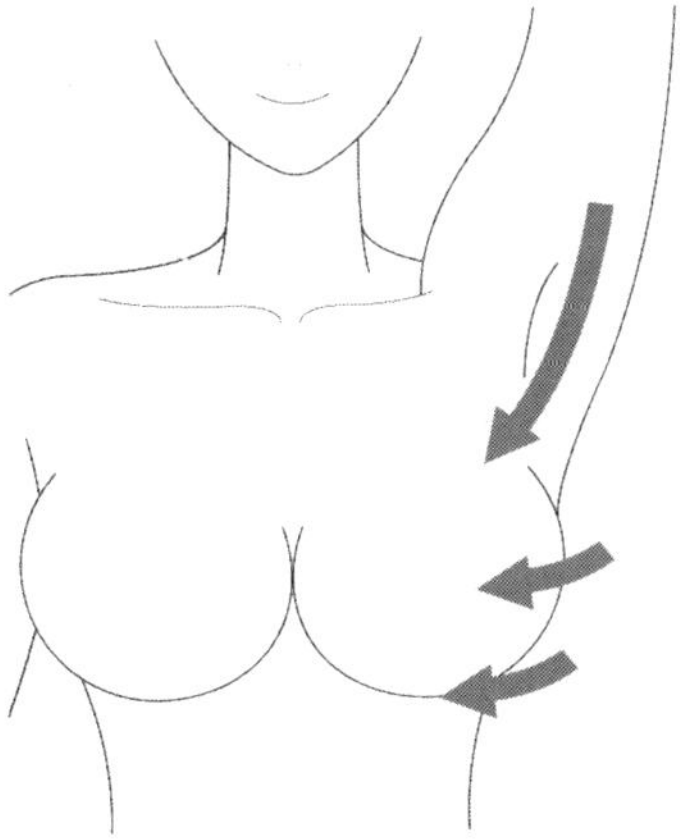

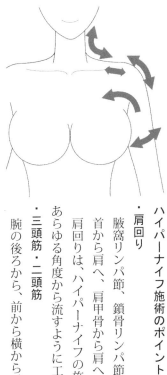

手の位置を上げたり下したり、横にしたりと、動かしながら変化をつけて施術するのがポイントです。

女子は、二の腕の脂肪がつきやすく、なかなかカットが入りにくい場所です。まずはハイパーナイフで脂肪を燃焼しやすい状態にしてからのトレーニングが最速です。

・胸周り

腋窩リンパ節、鎖骨リンパ節に流します。

リンパ節への流れをよくするために、まずは鎖骨下をほぐしましょう。

男子の場合、大胸筋の下部をクッキリと出し、胸中央、肩に線が入ると、非常にカッコよく仕上がります。

ある程度身体が絞れてきたらハイパーナイフを施術することで、カットも出しやすくなります。

【図表42　胸の流れ】

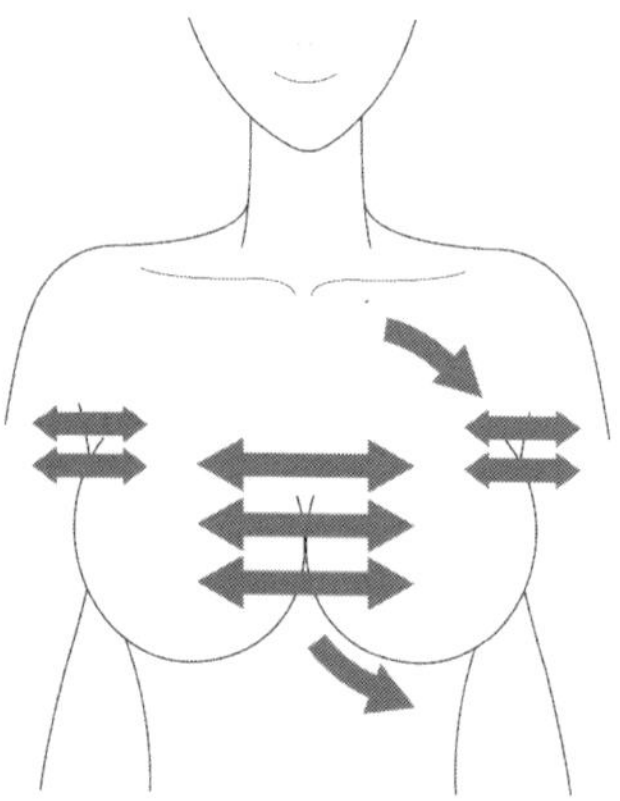

魅せたいポージングによって、筋肉のカットを出したほうがよい箇所が違うので、それぞれに必要とされる箇所を念入りに施術しましょう。

トレーニング

大胸筋を大きくするためにはプッシュアップやベンチプレスです（図表43、44、45、46参照）。

肩、二頭筋は、ダンベルプレス系で細かく鍛える部位

【図表 43　ジムでのサイドレイズ】

【図表 44　ジムでのサイドレイズ】

【図表 45　ジムでのショルダープレス】

【図表 46　ジムでのショルダープレス】

を狙いましょう。

フロントレイズ、サイドレイズ、リアレイズ、ショルダープレスに加えて、チンニング（懸垂）もおすすめです。

6　背中

背中のカット出し、腰肉を削る

「男は背中で語れ！」という言葉があります。

ボディビルダー業界では、「背中を制する者はショーを制する」とさえ言われていて、大会に出ている選手は、肩から背中の筋肉のカットがどれだけ出るかが重要です。

脊柱起立筋がくっきり出れば、「金魚鉢」「クリスマスツリー」「鬼の顔」など、ボディビル用語で応援されやすくなります。

女子も、背中に余分な脂肪やしわがなく、見返り美人的な美しい背中は憧れですよね。

モテＢＯＤＹになるＳ字ラインをつくるにも、背中の美しさは重要箇所です。

ただ、男女ともに、最後まで脂肪が残ってしまうのが下背部の部分です。いわゆる腰肉。横から見ると浮き輪のようになっているように見えます。

腰肉は、トレーニングではなかなか落とせない部位で、施術に来る男子のほとんどが口を揃えて

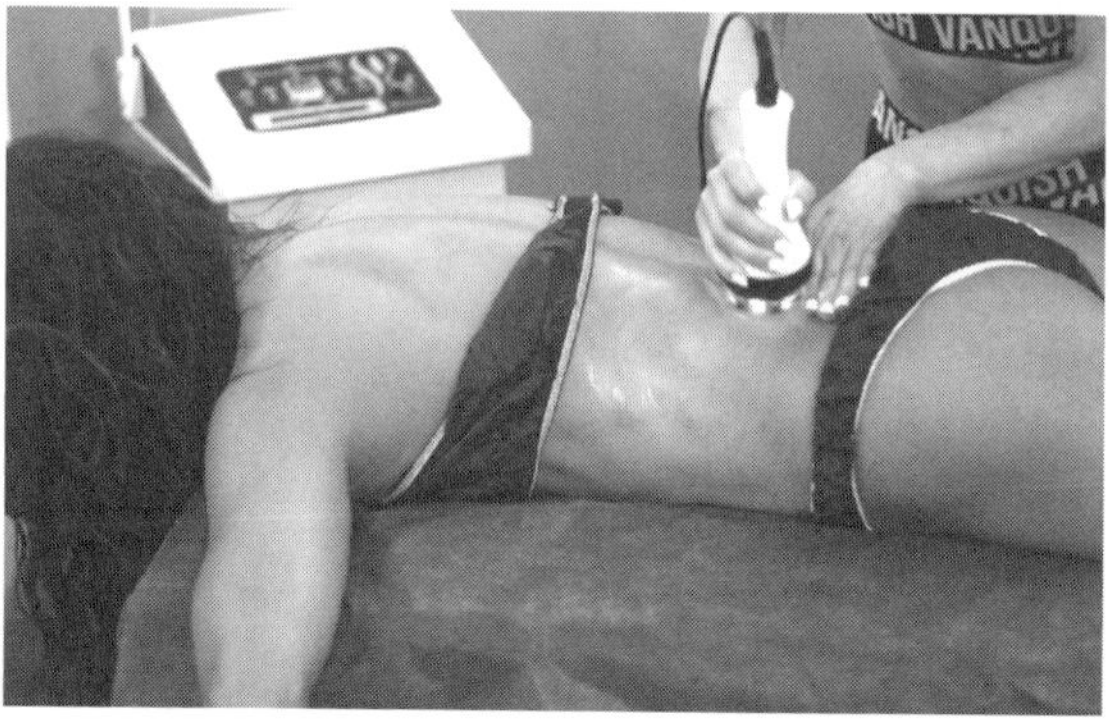

【図表47　腰肉を削る】

削って欲しいNo1なのです。

ここを落とすのに最適なのがハイパーナイフです（図表47参照）。

下背の脂肪が減らせられれば、背中が大きく見える体型になります。

くびれもできて、S字ラインが綺麗に出せます。それにより一気にS字ラインの綺麗なモテBODYへと近づくのです。

ハイパーナイフ

背中上部、肩甲骨周りから三頭筋にかけて腋窩リンパ節へ流していきます（図表48参照）。

肩甲骨周りは、肩甲骨に沿ってえぐるように施術していきます（図表49参照）。

腕を曲げて背中に回してもらうと肩甲骨の内側がかけやすくなります。

腰回りは、背中から脇腹を通り鼠径部リンパ節へ流します。

脊柱起立筋群とその周りもしっかり施術しましょう。

【図表 48　背中①背中の流れ】

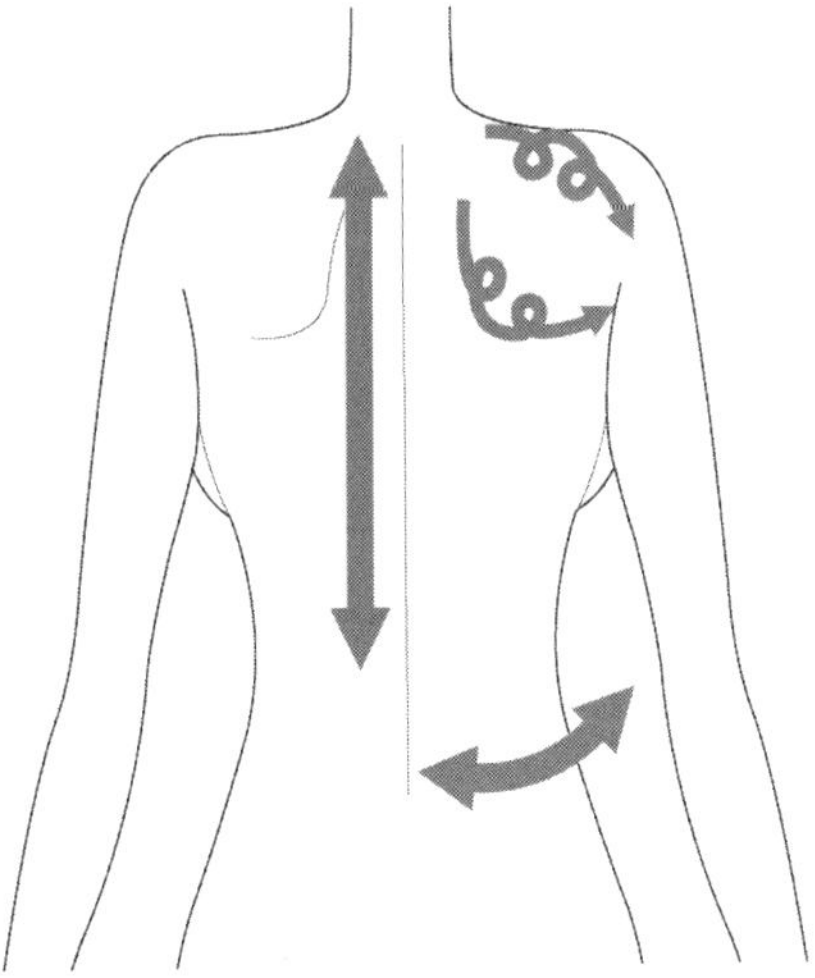

【図表 49　背中②肩甲骨をえぐる】

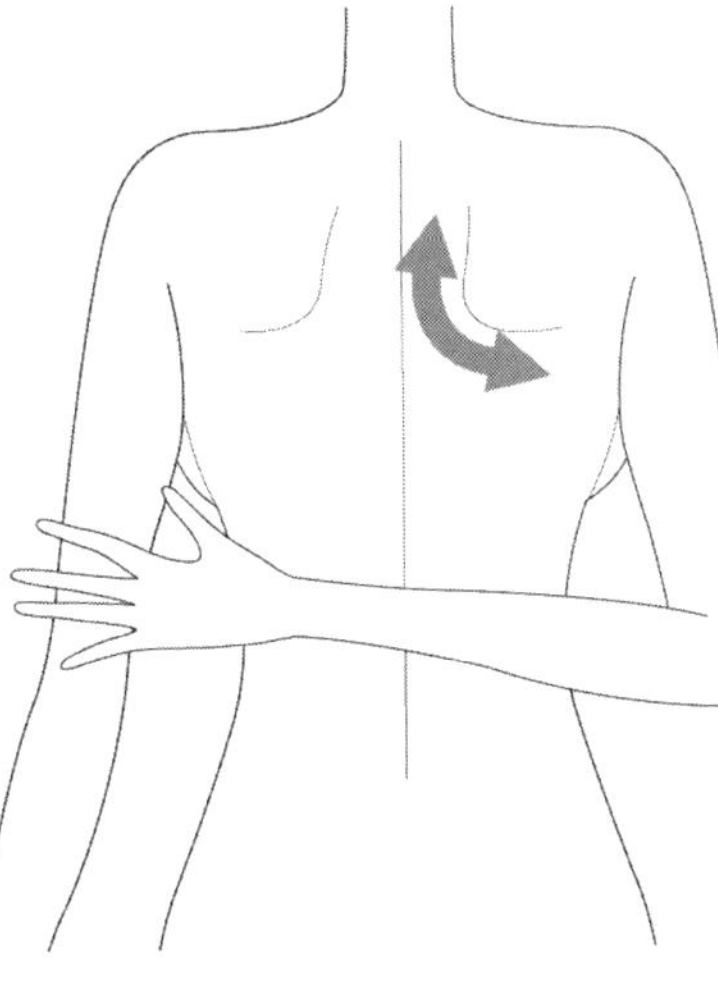

トレーニング

僧帽筋、広背筋、脊柱起立筋に分かれますが、菱形筋、大円筋、三角筋後部などの部位も、ご自身のなりたいＢＯＤＹに向けて強化していきましょう。

チンニング、ベントオーバーローイング、デッドリフト、ラットプルダウン、ローイングなど、部位別に分けてのトレーニングがおすすめです（図表50、51参照）。

【図表 50　ジムでのラットプルダウン】

【図表 51　ジムでのラットプルダウン】

7　大腿二頭筋（モモ裏）からお尻

モモ裏をすっきりさせる

お尻からモモ裏の大腿二頭筋（ハムストリング）にかけてのラインをダイヤモンドカットと呼びます。

多くある大会の中でも、ビキニ部門に参戦する女子選手が最もがカットして欲しいと願うのがこの部分です。

モモ裏は、とくに脂肪が厚くつきやすく、ここにカットを出すのは大変なことなのです。

まずは、ハイパーナイフを引き金に、脂肪を脂肪酸分解した状態にしてからトレーニングをしていきましょう。

食事は、糖質を減らしましょう。セルライトもなくなればリンパの流れもよくなり、カットが出やすくなります。

上半身しか審査されないコンテストに出る男子選手も、モモ裏のセルライトがなくなれば、リンパの流れもよくなるので、おすすめの施術部位です。

脚が審査対象になっている選手やボディビルダーさんやフィットネスモデルの選手も、ここのカットを出すのはかなり時間がかかります。

お尻やモモ裏のトレーニングをかなりやり込まないとカットは出てきません。カットを出すには時間がかかる部位と覚えておきましょう。

ハイパーナイフで脂肪を燃焼しやすくしてからトレーニングすることが基本ですが、大会前日の最後の仕上げとして、カット出しのハイパーナイフ施術はかなり効果的です。

ハイパーナイフ

鼠径リンパ節、膝下リンパ節へ（図表52参照）。

うつ伏せ状態で、まずは膝裏とお尻下のリンパ節の流れをよくしてからスタートです。

モモ裏からお尻へ押し上げるようにヘッドを当てます。

膝をクの字に折り曲げ、内モモからお尻にかけてゆっくり流しましょう。

内モモには横方向や円を描くように施術します。

お尻の「ほっぺ」の部分にカットを入れるには、身体を横にしてモモ裏からお尻、骨盤から鼠径部へ流します。

仰向けにして、膝を曲げて、内モモから鼠径部へ（図表53参照）。

また、立った姿勢で足を開き、出したいカットの部分にもかけましょう。

ハイパーナイフ施術後、ハムストリングだけに力が入るように足の指先に力を入れていただき、マッスルコントロールできるようにしておくとよいでしょう。

【図表 52　モモ裏、尻】

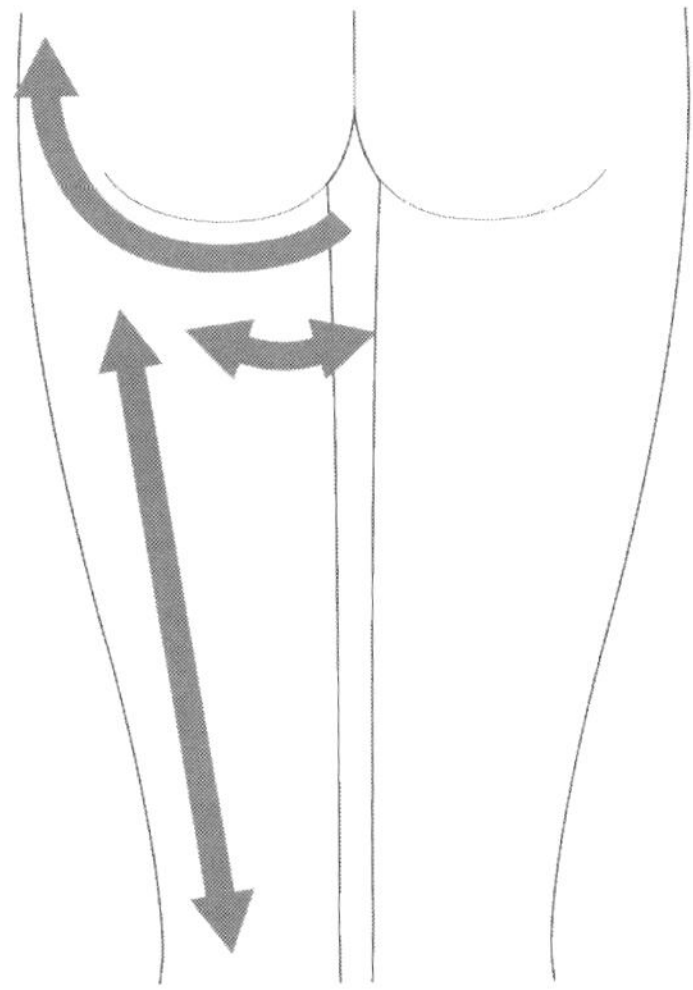

【図表 53　内モモ】

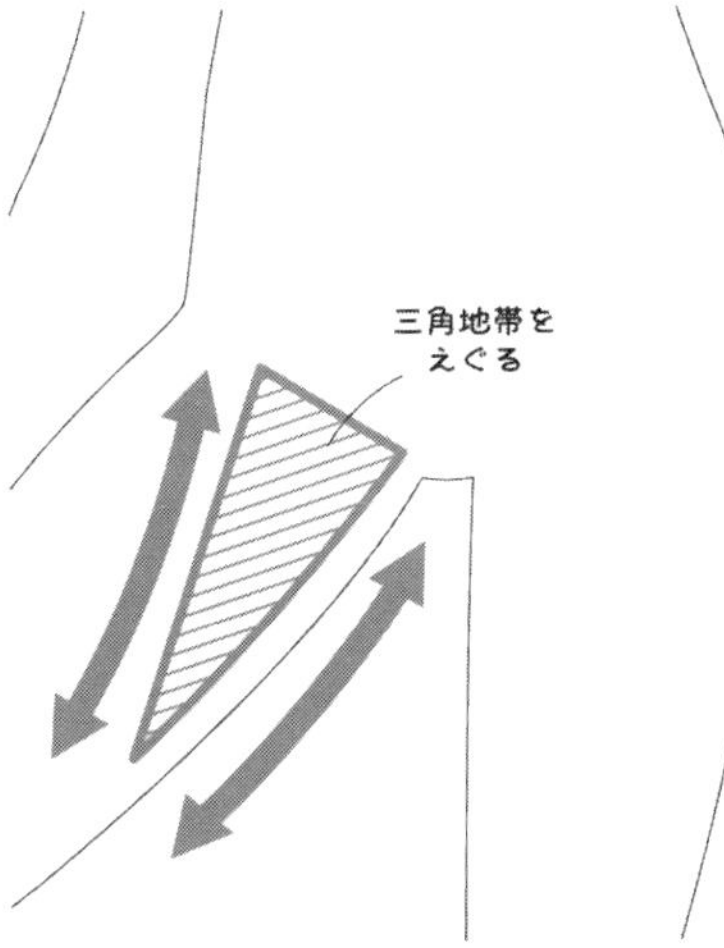

トレーニング

臀部、ハムストリングを狙いましょう。

レッグカールやスクワット、ヒップスラスト、デッドリフトなどのトレーニングがおすすめです（図表54、55参照）。

ぷりっとしたお尻が欲しい女子も多いかと思います。いわゆる桃尻。

胸とともに丸みのあるお尻は、女性らしさを強調し、モテＢＯＤＹのマスト箇所です。

【図表54　デッドリフト】

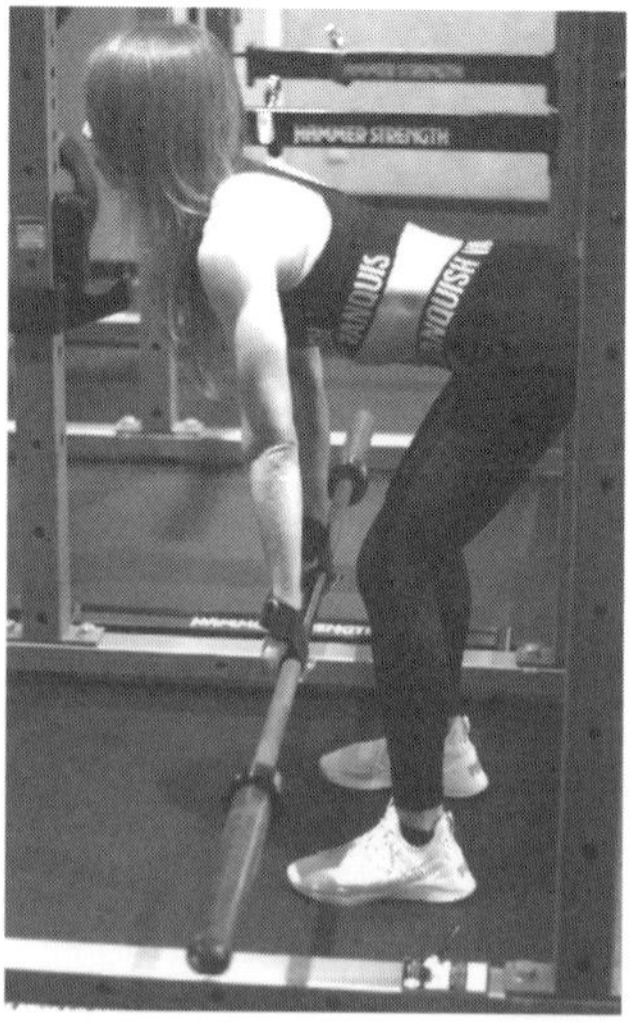

【図表55　デッドリフト】

桃尻をつくるにもトレーニングは必要です、脂肪で垂れてしまったピーマン尻をふっくら丸くさせるには、お尻の上部を鍛えましょう。

この場合、ハイパーナイフは、お尻周りとモモ裏だけかけて、お尻は触らないようにしましょう。お尻が上がってふっくらプリっと仕上がります。

8　大腿四頭筋

理想の太ももをつくる

大腿四頭筋のカットは、ボディビルダーさんやスポーツモデル系の男子、中でも縫工筋は女子ビキニフィットネス選手がとくに欲しいカットとなります。

脚が審査に入る大会に出場している選手にとっては、ミッドセクション（腹筋）と並んで目につく部位となります。

とくにスポーツモデル系のコンテストに出る男子は、今や肩以上に脚のカットが求められています。

こちらは、ハムストリングス、臀部のダイヤモンドカットを出すより、ハイパーナイフでくっきり仕上げやすい部分です。

もちろん、トレーニングと食事で絞り上げて、さらにトレーニングしてあれば、かなり出しやすい部位です。

【図表56　太モモへの当て方】

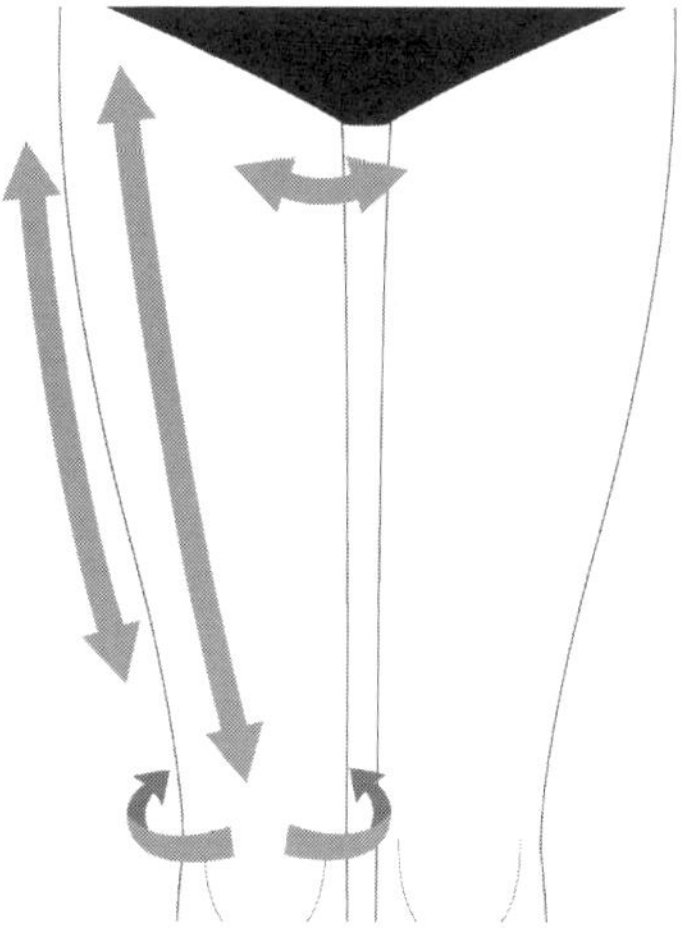

ハイパーナイフ

カット出しには、その筋の起始停止を念入りにかけるのがポイントとなります（図表56参照）。

鼠径部リンパ節、膝下リンパ節へ流しましょう。

とくに骨盤前辺りをぐりぐり念入りにかけます。

さらに、筋を深く、長くしたいので、筋に沿ってかけ、停止部位の膝裏辺りをぐりぐりかけます。

できるだけ深く長く線が出てくるように何度も往復します。
内せモモは、とくにセルライトが溜まる箇所です。温度に気をつけながら流していきましょう。
膝上のお肉も忘れずに、膝下リンパ節へ流します。

トレーニング

大腿四頭筋（大腿直筋、外側広筋、内側広筋、中間広筋）は大きな筋肉なので、鍛えることで基礎代謝が向上します。

全身の血流量も高まり結果全身のバルクアップにも繋がります。

脚の筋肉は常に重さ回数を変えトレーニングしましょう。

スクワット（バーベル、ダンベル）、レッグエクステンション、レッグプレス、ランジなども組み合わせましょう。脚の見栄えもよくなります。

また、大会に出ている選手の方は、ハイパーナイフを施術した日はポージング練習の時間をたくさん取るようにしてください。

【図表57　太もものポージング】

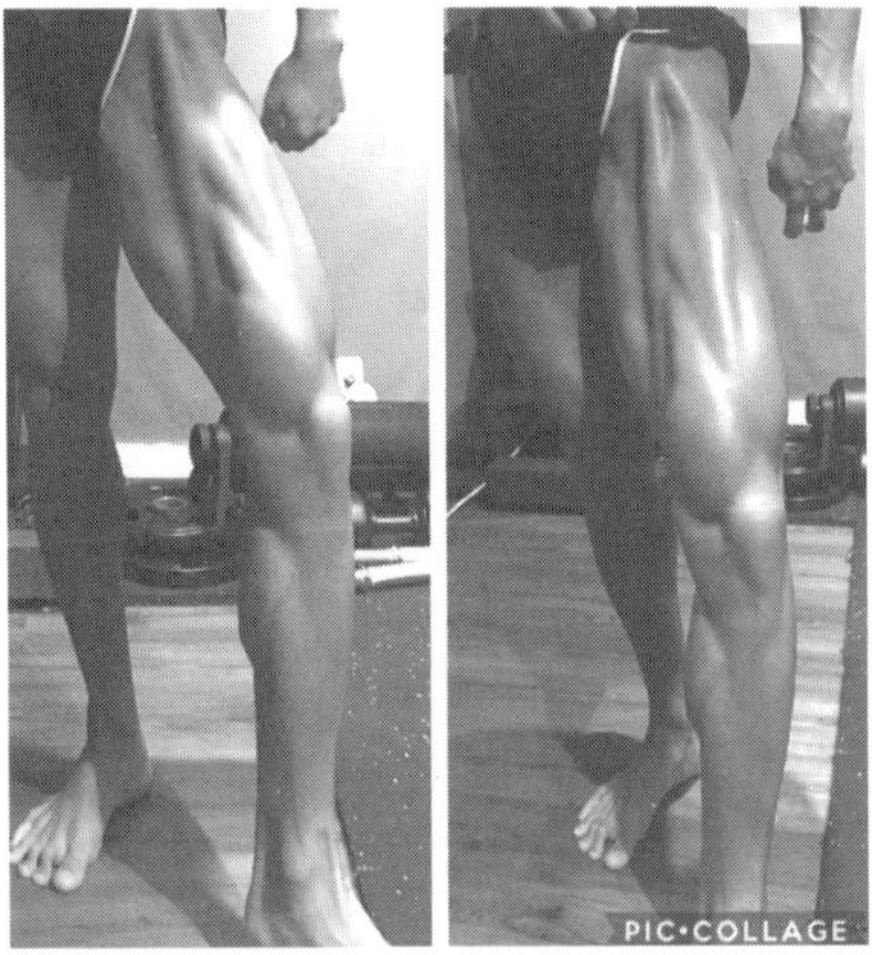

裏メニューはポージング

ハイパーゴールデンタイムの2時間、トレーニングや有酸素運動をしている合間に、ポージング練習を挟むようにしましょう。ボディビルダーがステージ上でやっている、脚の筋肉を振りながらゆるめたあと、キュと止めて筋肉をアピールする動作がありますよね。「振り振りキュ」と名づけましたが、この練習は脚のカットを出しやすくしてくれます（図表57参照）。

かなりカットが出やすくなります。

「ハイパーナイフ後にトレーニング×有酸素運動×サウナ」、これに加えて、裏メニューでのポージング練習。

ポージングをすることで、ハイパーナイフで出した筋肉カットをより深く長く、くっきりさせる

【図表58　ビキニポージング】

【図表59　モノキシポージング】

ことができます。ハイパーナイフ施術後の隙間時間を有効に活用しましょう。

9　オリジナルポージングハイパー

団体別、カテゴリー別の施術

コンテストの主催団体やカテゴリーにより、ハイパーナイフのかけ方が変わります。

例えば、ＦＷＪのビキニ部門は、バックポーズの審査対象がお尻とハムストリングです。審査中、背中は対象外なので髪の毛で隠していても大丈夫です。

しかし、背中も審査ポイントとなる団体の場合は、バックポーズでは背中にかかった髪の毛をかきあげて前にもってきます。団体ごとに審査の対象が違ってくるので注意が必要です。

団体の中でも、カテゴリーによって魅せたい身体、審査のポイントになる部位はそれぞれ違います。

私は、大会前日はとくにその選手に合ったカット出しやくびれをつくってあげたいという思いが大きいので、団体やカテゴリーの研究を常にしています。

ハイパーナイフを施術して一番楽しいのがボディビルダーや女子フィジークの選手です。

カットの出し方に人一倍注文が多いのもこれらの選手の方々です。「ここにある３本の筋肉のカット線のうち、中の１本をさらに深くしてほしい」というようなマニアックなリクエストをもらうこともあります。

私も、いろいろと注文してくれたほうが燃えるので、何としてもカットをくっきり出そうと気合が入ります。

カット出しの注文はどんどん欲しいので、私の施術を受ける人はお気軽にリクエストをしてください。

ポージングハイパー

余談ですが、レアな場所のカットを欲しがってくれた方には、敬意を表してその方にカットの名前をつけたりしています。

今までに、田村カット、まさとカット、STライン、Sセクシーライン、えぐり腹等々、かなりレアなカット出しも開発しています。

この開発中に思いついたのが、ポージングハイパーナイフ施術です。

選手の方にポージングをしてもらい、立ったまま、また座った状態で出したいカットにハイパーナイフをかける方法です。名づけて、「ポージングハイパー」。

大会前日で、もう時間がないというときに、限られた施術時間内で一番出したいカットにより多く時間をかけるのです。

フロントポーズでの重心のかかるほうの脚は外側を、添えている脚は内側を多めにとか、とくに

【図表60　1人ひとりに合わせた施術】

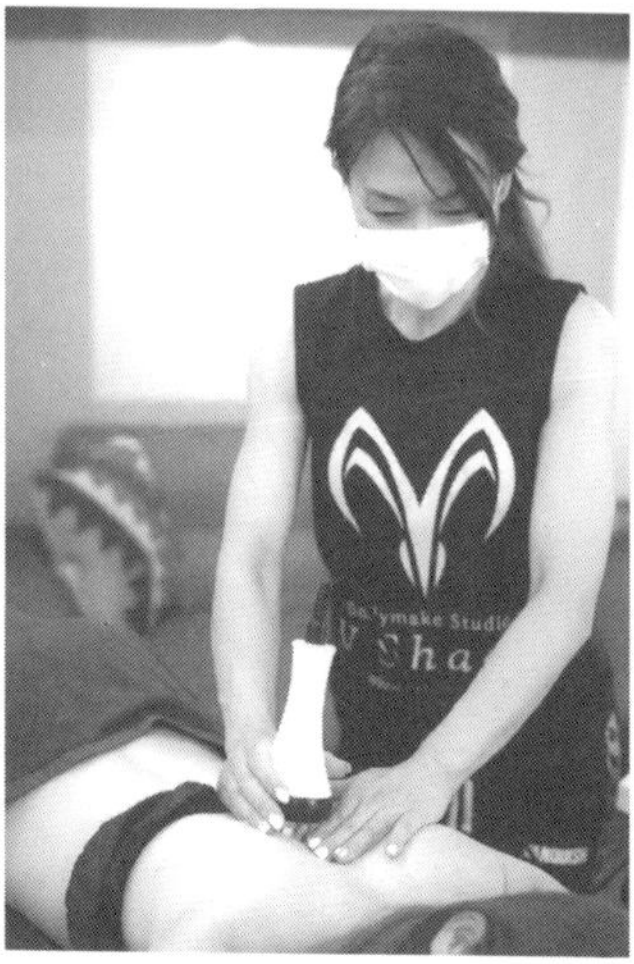

見せたいカットをより深く出せるように施術します。

肩周りや腕などの審査員の目に留まるところを中心に施術もします。

寝た状態で受けるだけのハイパーナイフ施術ではないので、お客様が一番欲しい場所にピンポイントでフォーカスしています。

目立つポイントだけさらに綺麗に、より深くカットを出すのです。

さらに、フェイス用の小さいヘッドのほうが、筋肉のカットにぴったり合う場所もあるので、ぐりぐりと筋肉の溝に沿って施術します。カットがより長く、より深く見えるようになりますよ。

ハイパーナイフでの「筋肉のカット出し」は、最後の仕上げに最高です。「秒」でさらにワンランク上の仕上がりになること間違いないです。

最速でモテＢＯＤＹへ

いかがでしたか？

身体づくりは、普通、時間がかかるものです。

でも、トレーニーの方、選手の方、痩身目的の方、ぜひ1度ハイパーナイフの施術をしてからトレーニングしてみてください。

トレーニングだけではなく、ハイパーナイフを組み合わせることで、最速で痩身、減量が加速します。

また、ハイパーナイフで「秒」での筋肉のカット出しも可能なのです。ぜひ多くの人に1度体験してもらいたいです。

理想の身体、モテＢＯＤＹ、勝つＢＯＤＹへ、最速で到達できることを実感できることでしょう。

ハイパーナイフのお仕事をしていて思うのは、皆さん、施術の後、身体が変わっているのはもちろんですが、気持ちまでもポジティブになっていることです。

私は、皆さんが変わっていきたいという気持ちにハイパーナイフで種火をつけます。あとは「私は変われる」と気づいた皆さんご自身で変わっていくだけです。

身体が変われば、その延長線上でコンテストに出てみてください。目標を持つことで毎日ポジティブに過ごすことができます。

【図表61　コンテストで栄冠の筆者】

【図表62　大会に出てすべてが変わる】

大会に出ることで「人に見られている」という意識を持つようになれば、行動が変わってきます。

・背筋を伸ばして姿勢よく歩いてみる
・立居振る舞いを意識してみる
・身だしなみを綺麗にしてみる
・笑顔でいる
・しゃべり方を上品にしてみる
・表情豊かにしてみる

行動が変わり、身体も変われば、さらに魅力のある人生がきっとやってくることでしょう。

気持ちが前向きになって、毎日が笑顔で過ごせるのも素敵なことだと思いませんか？

人生は1度しかないから、前向きに楽しく生きていきましょう。あなたも「秒」でモテる人生へ変われるのです！

第3章　効果的なハイパーナイフの受け方

1　痩身目的の方

2か月、週2回、ハイパーナイフ＋3点セット

痩身目的の方は、ハイパーナイフ施術の後しっかり3点セットを組み合わせ、2か月間頑張ってみましょう。

まずは、ハイパーナイフ施術後、直ぐにトレーニングと有酸素運動ができる場所を押えておきましょう。サウナのついているジムがあれば最高ですが、家に帰ってからゆっくりお風呂で半身浴でも構いません。

留意すべきは、食事を済ませてからハイパーナイフを施術してもらうことです。

施術後は、身体が温かくなっているうちにトレーニング開始です。

できれば、トレーニングはトレーナーさんについてもらい、トレーニングと食事、両方とも見てもらうのが理想です。食事8割、運動2割といわれていますが、成果を出す食事メニューをつくってもらえるとさらによいでしょう。

自己流でトレーニングするよりもお金はかかりますが、専門家についてもらったほうがはるかに効率よく最速で目標に到達できます。

トレーニング中、限界がきてからの追込みは、筋肉の付き方に差が出るところです。

【図表63　軽い有酸素運動】

1人では追い込むことができないので、トレーナーさんについてもらいましょう。

それ以外の日は1人で復習し、わからなかったらまた聞いてみて、少しずつレベルアップです。

正しいフォームで行えば、筋肉も効率よくつき、怪我のリスクも減ります。

トレーニング後は、軽く有酸素運動です。老廃物を出すように吐くことに意識しましょう。

そして最後がサウナです。

なお、がっつりトレーニングしたときは、少し時間をおいてから入りましょう。

2　イベント等の目的の日が決まっている方

脂肪が気になったらそのタイミングで1回、イベント5日前、イベント前日

まず、1か月前くらいに、気になる部位をハイパーナイフで流すのがおすすめです。腰肉やモモ裏、二の腕等はイベント前日にハイパーナイフ施術してもすぐに結果が出ません。

ですから、気になる部位をあらかじめ1度流しておくと仕上りに差が出るのです。

また、老廃物がたまっているところに好転反応が出やすい方は、施術後に赤く湿疹のようなポチポチが出ます。

イベント当日にそれが出るといけないので、ご自身が出やすいのかどうかを事前に知る機会にもなるでしょう。

その後は、トレーニングをしていく中で、気になったら施術すればよいかと思います。

そして、イベント5日前と前日がハイパーナイフ施術の最適なタイミングです。

【図表64　イベント前日の施術がおすすめ】

【図表65　即効で結果が期待できる】

仕上がりに不安が残りそうなら、前日、前々日の２連チャン続けてハイパーナイフを施術するのもよいでしょう。

サロンには、大会に出ている選手のほか、結婚式を控えているカップル、モデルさん、ラテンダンサーさん、サンバダンサーさんなどが多く訪れてくださいます。

急遽決まった撮影やテレビ出演される方なども来てくださったりと、即効性の高いハイパーナイフ施術が皆様のお役に立っています。

3　ボディメイクの大会に出ている選手の方

オフ期１～２回、減量停滞したタイミング、大会５日前、大会前日

オフ期には、気になる部位を１度ながしておくと仕上がりのときに差が出ます。男女とも、最後まで残る腰肉周り等、日頃からお手入れしておくのがよいでしょう。

そして、減量期に入り、減量が停滞したときこそハイパーナイフの出番です。

脂肪酸になっている３日間は、多めにトレーニングをして、一気に減量を加速させましょう。

トレーニングでは脂肪は落ちません。ましてや部分痩せも皆無です。でも、ハイパーナイフ施術を組み合わせれば、部分痩せが可能になります。

元に戻さないようにするには、ハイパーナイフ施術後のご自身のトレーニング内容で変わります。

ハイパーナイフを施術したなら、元に戻さないようにしないと、時間とお金の無駄になってしまいます。きっちりと3日かけて脂肪酸を燃やしてしまってください。

大会5日前に1度流して、大会前日に最終仕上げが最適です。

【図表66　オフの手入れが重要】

【図表67　最速で結果を出す施術】

4　筋肥大が目的の方

トレーニング後にハイパーナイフ（筋肉のカット出しが目的）

筋肉をつけ、身体大きくしたい方には、有酸素運動とサウナはおすすめしません。

筋肥大が目的の場合、負荷をかけて筋繊維を破壊し回復することを繰り返すことで、筋繊維を大きくさせます。

有酸素運動を行うと遅筋が働き、速筋の活性が下がり、筋肥大が進みにくくなるのです。

【図表68　ストレッチ感覚でハイパーナイフ】

また、筋肉が炎症しているときは、アイシングで回復を早めることになるので、サウナや長風呂はＮＧです。

では、トレーニング後のハイパーナイフ施術というのは、筋肥大したい方にとってどういいのでしょうか？

これについては、私もまだ研究段階ではっきりは言えないのですが、筋肥大を狙うなら筋トレ後はストレッチする感覚でのハイパーナイフ施術がおすすめです。トレーニング後のハイパーナイフ施術というのは、実は〝筋肉のカット出しに最適な施術〟だと思っています。

お手入れを兼ねて、トレーニング後にハイパーナイフの施術を受けることで、より深いカット出しのくせづけが可能となることでしょう。

5　ハイパーナイフ施術を受けるときの注意点

食事は少なくとも１時間前に

ハイパーナイフを受けるに当たり注意することが何点かあります。

まずは、施術前、お食事は少なくとも1時間前には終わらせましょう。内臓に負担がかかるし、お腹を押されるので、できるだけ食後すぐは避けたほうがいいです。

サロンへ行ったら、どの部位をどのように施術してもらいたいかを明確に伝えるようにしましょう。

そして、前述したように、施術中は、ハイパーナイフを受けた後、好転反応が起こることがあります。

肌の弱い方や色白の方に多いようですが、赤くあざのようなものが出ることがあります。

【図表69　施術後は1杯の水を補給】

これは通常2～3日間で消えるものですが、大会直前に施術を受ける場合は要注意です。

したがって、事前にご自身が出やすいかどうか知っておくと安心ですね。

また、脂肪は燃えると老廃物として水（14％）と二酸化炭素（86％）が排出されるため、尿の量が増えたり、匂いが強くなったりします。

これは、デトックス効果と言われていますが、ハイパーナイフ施術後は、コップ1杯のお水を補給してあげましょう。

第4章　お客様の声

★益子克彦（MASSY）様

世界のビューティステージでは、「MASSY（マッシー）」の愛称で名高く、パリコレクション、ミラノコレクションをはじめとする指折りのファッションショーでメイクを手掛けるエコ・メイクアップアーティスト。

イタリア、フランスといった美容の最先端で活動してきたテクニックは、有名女優、歌手、雑誌のトップを飾るモデル等から広く愛され、ディナーショーやCM、雑誌などの撮影、メイクアップセミナーの講師やスキンケアアドバイザーとしても活躍中。

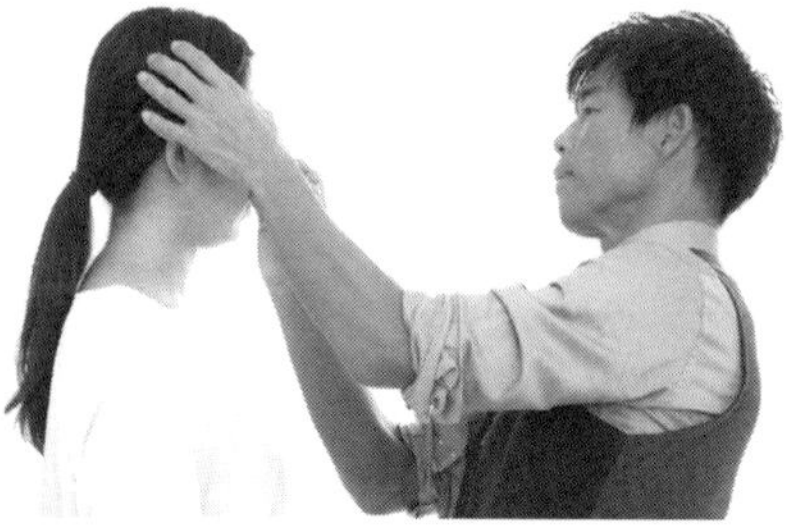

●ご意見

ハイパーナイフには、LEDライトが搭載されており、肌の繊維細胞を刺激して活性化させることができるので、ニキビやたるみ、シワの予防や改善に効果的です。

施術後は、代謝が上がっており、帰宅してすぐにセルフマッサージやスキンケアを丹念にしています。だから、身体の仕上がりだけでなく、お顔も身体もツルピカに！

また、ハイパーナイフは、肩こりにも効果的です。肩こりは、血流の流れが悪くなっている証拠で、ハイパーナイフでしっかりと温められることで血行がよくなり、肩こりも症状が緩和しやすいのです。施術後は、かなりコリが緩和され、スッキリします。

さらに、リラクゼーションとしても有効で、代謝をよくし、詰まってしまった老廃物を流しやすくしてくれます。

★葉英禄　様

LA/東京在住。会社経営。「40代からのボディメイキング」の著者。

・ベストボディジャパン　日本大会２０１４年グランプリ
・Mr.Muscle　Beach　2019 優勝

●ご意見

メグミさんのハイパーナイフの施術を１度でも見たり体感すればわかりますが、その「削り取るぞー!!」とのエネルギーと気迫がハイパーナイフの機能を２００％アップさせ、他の人が施術するよりもその効果は抜群です！

★篠崎勇樹　様

しのざき整形外科　院長。

・RIZAP ボディメイクグランプリ

・2019 CHANGE 部門グランプリ

●ご意見

ハイパーナイフによる脂肪燃焼・代謝アップでボディメイクを進め、重ねた努力をさらに輝かせ日本一になることができました。

今後もまたお世話になりたいです。よろしくお願いします！

★白数玲穂　様

・ベストボディジャパン2019奈良・青森グランプリ・日本大会ベスト13
・ベストボディジャパン2020・松江準グランプリ
・モデルジャパン2020・岡山準グランプリ・日本大会出場

●ご意見

学生時代から運動らしい運動をほとんどしてこなかった私が、トレーニングを始めて4年、フィットネスの大会に出るようになって2年目になります。

目標を定めて身体をつくりますが、56歳という年齢と、もともと冷え性で代謝も悪かったため、どうしても思いどおりにならない箇所があります。

自信を持って大会に出るために、めぐみさんに削っていただくようにしています。

めぐみさんの技術が素晴らしいのは言うまでもなく、並々ならぬアツい愛情をもって理想の身体になるよう削りあげてくださるのがまた嬉しいところ。

女性ならではの悩みもわかってくださり、めぐみさんご自身の選手としての経験も活かした、見え方や魅せ方をも踏まえての削り。

また、削りっ放しではなく、その後のアドバイスまでも的確にしてくださるのでありがたいです。

エントランスも、数々のトロフィーやメダルが飾られた聖地になっていて、そこにいるだけでもただならぬパワーをもらえます。

これからもずっとお願いしたい、恵比寿の愛ある削りです。

★鈴木裕子　様

六本木、代々木上原、恵比寿に女性専用のトレーニングスペースのオーナー。

・BMG 初代 ART 女子チャンピオン、BMG 全国区最高得点者
・第1回 HBBF 兵庫県オープン女子ボディフィットネス準優勝
・2019 北区オープン女子フィジーク準優勝

●ご意見

めぐさんのハイパーの特徴的なものは、各大会のカテゴ

リーごとに、どの部分を削ればよいのか熟知していること。

腹筋、胸鎖乳突筋、大腿四頭筋、三角筋、広背筋、肩リアに至るまで細かくカット出しができること。そして、必ず口に出して「削れ〜」と言ってくれること。

これは、選手にとってはとても大切なことで、今、どこを削られているか意識できるのと、念を感じるのは、大会に備えてメンタルにもスイッチが入るからです。

1番効果的だと思うのは、その後ポージングをすること。有酸素もよいですが、個人的にはポージングをハイパー後に練習すると、翌日の身体のカットがより出やすかった記憶があります。

私は、昨年、それで助けられました。魂のハイパーナイフだと思っています。

★川端松美　様

ジャンピングトレーナージル川端。

●ご意見

「この人なら信頼できる」と思い、メグさんの存在を知って、速攻大阪から会いに行きました。ハイパーナイフは、大阪にもありますが、施術者が変われば結果が大きく変わります。1度体験してみて、この人にお願いしたら劇的に変われると確信しました。

ご自身が現役選手ということもあり、どこを削れば効果的か？　それをわかっている方なので安心して身を委ねられます。

次の大会では結果が出せると強く思えるのも、メグさんの存在があるからです。大切な本番前にはガッツリ削っていただきます。今後ともよろしくお願いいたします。

通いたい理由としてもう1つ。それは人柄です。すごく話しやすいし、今の問題点を素直に相談できます。普通の会話から学べることも多いので、毎回お会いできるのを楽しみにしています。

★尾髙友里恵　様

マッチョな美容家。

●ご意見

めぐみさんの施術は、〝本当に痩せたいときの救世主〟です！

あとちょっとが落ちないとき、停滞期に入ったとき、一気に痩せモードをつくりたいときetc。

コンテスト選手だけでなく、海へ行く前やブライダルの方とかにもおすすめ！

彼女自身が身体づくりを本気でやってるので、リンパの流れや筋繊維、すべてを理解し、それにそって施術してくれます。

アフターケアも丁寧に教えてくれます。

別サロンでハイパーナイフ受けましたが、同じ機械？って疑うくらい効果に差があり、彼女の技術の高さに感動しました。

部分痩せは無理と言われていますが、めぐみさんにはそんなモノ関係ありません！（笑）。正にナイフかの如く！　脂肪を削り落としてくれます。
■一言PR…めぐみさんの〝削り師〟の名づけ親は私ですー（笑）

★川西恵子　様

一般人のボディメイク1年生。

●ご意見
お顔はエステ、身体はハイパーナイフ！　と個人的に思います。

なりたい身体のためにトレーニングを積み重ねて、仕上げはプロの手・恵比寿のめぐさんあり！

もともとダイエット目的でお伺いしたけれど、めぐさんの人柄でたちまちトレーニングの虜になりました。

ハイパー施術中では、人生相談あり、大会の秘話あり、そしてリラクゼーション効果の上、身体はバシッと決まる最高の空間です。

★田中直樹　様

会社役員。

・2019 WORLD LEGENDS CLASSIC 175+ 優勝

●ご意見

フィジークのコンテストに出場するため、大会前日にいつもめぐみさんにハイパーナイフを施術していただいています。60分後、余分な浮腫みも取れて、劇的に身体の状態がよくなり、コンテストで優勝ももぎ取れました。

今では、ハイパーナイフなしの出場などは全く考えられません。

最後の仕上げで、決まる繊細な競技なので、ぜひ体感してください。

★中橋明花　様

介護施設経営者。会社役員。薬剤師。介護福祉士。介護支援専門員。

●ご意見

いつもありがとうございます！

めぐさんの施術の1番いいところは、本当に楽しそうに削ってくれるところです。

そして、仮に要望をうまく伝えられなくても、めぐさん自身がコンテストに向けた身体づくりもされているので、やってほしいところやカット出しもピンポイントで行ってくれるので、終わった後は大満足です！！

一生懸命施術してくれるのでとってもオススメです！

すべて他ではないこと尽くしです。

★大平友子　様

エイジレス友子。
・絶賛アラカンのボディメイク中

●ご意見

初めて施術を受けたとき、ボディラインが変わり、私を虜にしました。

それは、めぐみさんの施術。

マシンを操るめぐみさんは、丁寧な仕事はもちろんのこと、１回の施術で３回の効果を感じることです！

大会以外のオフの時期も、削ってもらいます。

まだまだ指名で通いますよ！

★本澤優里花　様

ＢＥＹＯＮＤＧＹＭ恵比寿店勤務。パーソナルトレーナー。

・2020 SUMMER STYLE AWARD　関東大会４位

・バトントワリング選手権全国大会３年連続金賞受賞

・県教育長賞受賞

●ご意見

インスタグラムでめぐみさんのことを拝見し、大会前ということもあり、１度体験しにＶｓｈａｐｅへお伺いしました。

めぐみさん自身もトレーニングをされていて、身体の仕組みや、ポージングにすごく詳しいため、個人の身体、カテゴリーに合わせた削り方を提案してくださり、１時間で劇的に身体が変化しました。

それから大会前は必ず通うようにして、トレーニング、食事にプラスして、めぐみさんの凄腕ハイパーナイフで減量スピードが加速し、最高のコンディションでコンテストを無事終えることができました。

安心して身体を任せられるほど信頼できるめぐみさんと出逢えたことに感謝します。

いつも楽しいお話と元気なパワーをありがとうございます。

今後ともよろしくお願いします！

★親川優介　様

看護師兼 HERO GYM スタッフとして勤務。

・2017 SUMMERSTYLEAWARD　stylishguy overall

・2019 SUMMERSTYLEAWARD　beasty short class 優勝

・2019 FITNESSSTAR JAPAN　athletic class 優勝、overall 優勝、overall of overall 優勝

・2019 FITNESSSTAR KOREA　athletic class 優勝

・2020 SUMMERSTYLEAWARD　beastyshort class

準優勝

●ご意見

コンテスト出場するにあたり、Instagramにてハイパーナイフというのがあると知り、Ｖｓｈａｐｅに行きつき、そこで削り師のめぐさんにお会いしました。

コンテスト前日ということでもあり、最終の調整目的ということでハイパーーナイフ施術を受けました。

当初は半信半疑でしたが、身体のラインや筋肉の走行に沿ってハイパーーナイフを当てる技術に驚かされ、さらに施術後の身体の変化にも驚かされました。

張り付いた感じやカットの深さが増し、見た目が劇的に変化しました。

１度お世話になってからは、コンテスト前日ではなく、減量の加速目的でもハイパーナイフの施術を受けるとともに、自分の絞りが遅い部位について直接アプローチすることで、順調に減量が進みました。

お陰様で今回もSSA上位入賞することができました。

あとがき

情報やサービスにあふれて忙しい今の時代、運動だけでも、エステだけでも非効率です。効率よくモテる身体へ最速でなるための方法は、「ハイパーナイフ後のトレーニング×有酸素運動×サウナ」です。

私は、ハイパーナイフセラピストとして、この組合せで数多くの選手の方々の減量を最速で実現し、さらに大会前の筋肉のカット出しのお手伝いをさせていただいてきました。

私は、ほんの少し、お客様の背中を押してあげるだけに過ぎません。

私の施術を通じて、多くの方々が変わった自分を見て、「これから変わっていきたいと思える自分」に気づいてくださいます。

身体は、「変えたい」と思えば何歳からでも、誰でも変えることができます。

毎日を少しでも素敵に変えていきたいという気持ちを大切にして過ごしていけたら、それだけで素敵な人生が待っているはずです。

姿勢よく、颯爽と歩くだけで、気持ちも前向きになり、新しい自分に出会えることでしょう。

人は、変わろうと思えば「秒」で変わることができます。

思ったら迷わず「秒」で決断!

その決断が、あなたを「秒単位」でどんどんキレイに、美しく、気持ちまでもかっこよく進化させていきます。

本書を読んでいただいて、今からでも素敵なモテる人生へ変わっていこうと思っていただければ幸いです。

「最速」で魅せる人生に変わっていくあなたが生まれているはず。

「秒」で魅せる人生に変わってみませんか！

最後に、ハイパーナイフ師匠の田村宜丈オーナー、撮影協力いただいたティップクロス新宿店様、Ｖｓｈａｐｅジムの皆様、いつもありがとうございます。そして、これからもどうぞよろしくお願いいたします。

お客様の声に参加していただいた葉様、ＭＡＳＳＹ様、勇樹先生、直樹様、優介様、玲穂様、裕子様、松美様、友里恵様、恵子様、明花様、友子様、優里花様、快くお引き受けいただきありがとうございました。

これからもまだまだ進化。

すべての人に感謝。

そして、ありがとう。

恵比寿の削り師　川島　めぐみ

著者略歴

川島　めぐみ（かわしま　めぐみ）

1967年、東京都生まれ。

Bodymake Studio Vshape ハイパーナイフセラピスト。アルプロン公式アンバサダー。ベストボディ・ジャパンコンテストアドバイザー。モテフィフアドバイザー。プロテインマイスター。Woman's SHAPE フィットネスモデル。エイブルＣＭ腹筋出演。元エグザス　エアロビクスインストラクター。

トレーニング歴35年。

元三菱銀行行員。

【大会受賞歴等】

2015～2018年　4年連続ベストボディ・ジャパン日本大会出場。

2016年　ミスモデルジャパン日本大会5位。2017年　ミスモデルジャパン東北大会グランプリ、ミスモデルジャパン関東大会グランプリ、ミスモデルジャパン日本大会4位。

2018年　ベストボディ・ジャパン新潟大会グランプリ。

2019年　OLYMPIA AMATEUR JAPAN 出場。

2020年　REIWA CUP ビキニエリート優勝、IFBB PRO League JAPAN CLASSIC ビキニマスターズ優勝。

#恵比寿の削り師が教える
ハイパーナイフ×トレーニング 最速ボディメイク術

2021年1月15日 初版発行

著　者　川島　めぐみ　© Megumi Kawashima

発行人　森　　忠順

発行所　株式会社 セルバ出版
〒113-0034
東京都文京区湯島1丁目12番6号 高関ビル5B
☎03（5812）1178　FAX 03（5812）1188
http://www.seluba.co.jp/

発　売　株式会社 三省堂書店／創英社
〒101-0051
東京都千代田区神田神保町1丁目1番地
☎03（3291）2295　FAX 03（3292）7687

印刷・製本　モリモト印刷株式会社

Printed in JAPAN
ISBN 978-4-86367-631-2